Politiker

Reinhard Großmann

Politiker

Roman in drei
Hinsichten

elbaol verlag hamburg

Impressum

Rechte für diese Ausgabe:
elbaol verlag hamburg
www.elbaol-verlag-hamburg.de

Titelbildmotiv:
Ellen Balsewitsch-Oldach

Autorenporträt S. 252
Doi Germann

Umschlaggestaltung, Druck, Fertigung und Vertrieb:
BoD GmbH, Norderstedt

ISBN 978-3-939771-81-4
EUR 9,99

Inhalt

Der Regierungschef

1

Es war der Aufmacher in allen Medien: Frank Welzin hatte in einer überraschenden Kampfabstimmung den Vorsitzenden seiner Partei abgelöst, und das mit einem Ergebnis von fast zwei Drittel der Stimmen.
Ich wunderte mich über diese Nachricht nicht sonderlich. Zwar hätte ich den Zeitpunkt der Machtübernahme nicht voraussagen können, aber dass sich Frank nicht lange mit einer Rolle unterhalb der Spitze abfinden würde, war mir längst klar. Im Gegenteil, ich wunderte mich, dass er es so lange als Mitglied des Vorstands und als einer der stellvertretenden Vorsitzenden seiner Partei ausgehalten hatte. Aber er hatte sich wohl klar gemacht, dass er aus einer gefestigten Position innerhalb der Parteiführung am sichersten den Sprung an die Spitze schaffen würde. Und er hatte diesen Sprung gut vorbereitet, die Rolle des Neuerers und Kritikers erfolgreich besetzt, und die Medien hielten ihn schon lange für den Mann, der seine Partei vor dem Sturz in die Bedeutungslosigkeit bewahren könnte.
Der Zeitpunkt war klug gewählt. Die Partei war in den Umfragen der letzten Wochen massiv abgestürzt. Bei den vier letzten Provinzwahlen hatte man schmerzliche Verluste hinnehmen müssen. Die Flügelkämpfe, die ein allseits verehrter Vorsitzender für eine Weile hatte zurückdrängen können, waren erneut aufgeflammt. Unter den Jungen wurde der Ruf nach einem Wechsel laut. Mir war aufgefallen, dass bei den innerparteilichen Kritikern der Name von Frank nie gefallen war. Das war gut für ihn, denn wer sich offen als Ersatz für den im-

mer noch sehr beliebten Parteivorsitzenden anbot, der rief sofort den Widerstand der verschiedensten Parteigruppen gegen sich auf. Es war klar, nur wer überraschend aus dem Dickicht auf den Kampfplatz trat, hatte die Chance, eine Wahl zu gewinnen, bevor die Gegner sich gesammelt hatten.

Trotzdem hielt der bisherige Vorsitzende eine als unangreifbar geltende Stellung. Er hatte vor zehn Jahren mit einem spektakulären Wahlerfolg die Parlamentsmehrheit und damit für sich den Posten des Ministerpräsidenten errungen. Er galt als unbestechlich und integer. Seine Beliebtheit in der Bevölkerung blieb hoch, auch als er im Verlauf einer schweren Wirtschaftskrise die Mehrheit und sein Amt verlor. Er genoss hohes Ansehen im Ausland und wurde bei internationalen Krisen häufig um Vermittlung gebeten. Zwar war er inzwischen über 70, aber er galt als gesund und belastbar.

So wenig ich mich wunderte, dass Frank Welzin nach der Führungsposition griff, so war ich doch verblüfft, dass ihm das so überzeugend gelang.

In den nächsten Tagen veröffentlichten verschiedene Zeitungen und Zeitschriften die Reden vom Parteitag, und der Ablauf der Ereignisse wurde etwas klarer. Der Vorsitzende hatte mit einem umfangreichen Rechenschaftsbericht an den Problemen der Partei „vorbeigeredet", wie es in einem der Berichte hieß. Es hatte in der folgenden Diskussion zwar Hinweise auf ein zunehmendes Unbehagen in der Partei gegeben, aber als Kritik am „Übervater", so ein anderes Blatt, hätte man das wohl nicht verstehen sollen. Dann hatte sich Frank Welzin zu Wort gemeldet. Die Rede sei knapp und geschliffen gewesen, wusste die Presse. Er hatte die Verdienste des Vorsitzenden hervorgehoben, dann aber den Blick nach vorn gerichtet. Alle Leistung der Vergangenheit werde nicht ausreichen, die neuen Aufgaben zu meistern, die die Zukunft stelle. Über neue Inhalte habe der Redner wenig zu sagen gehabt. Aber er habe auf die Notwendigkeit hingewiesen, die Partei wieder stärker in der Mitte der Gesellschaft zu verankern. Man sei zuletzt zunehmend dem rechten Flügel der politischen Landschaft zugeordnet worden. Zwar stimme das in der Sache nicht, aber bei Wahlen komme es auf die öffentliche Wahrnehmung an. Die Rede habe wie eine Befreiung gewirkt, die Delegierten hätten dem Redner mit einer stehenden Ovation gedankt.

Das konnte ich mir so richtig vorstellen. So etwas hatte Frank schon immer gekonnt. Mit rhetorischem Feinschliff Gefühle wecken, ohne sich inhaltlich genau festzulegen, das allgemeine Unbehagen schüren, Hoffnung auf Veränderung nähren, aber niemanden mit bestimmten Vorhaben verschrecken. Und da konnte es nicht ausbleiben, dass bei der Wahl zum Vorsitzenden sein Name gefallen war. Eigentlich hatte der Vorstand für weitere zwei Jahre durchgewinkt werden sollen, aber nun war das „Volk“ aufgestanden, die Funktionsträger der Partei, die Abgeordneten und hoffnungsvollen Kandidaten, die um Wahl oder Wiederwahl bangten und nun einen Garanten für ihren Erfolg zu erkennen glaubten. Ich wüsste gern, wer den Namen von Frank ins Spiel brachte. Ich wollte nicht glauben, dass er das einfach dem Zufall überlassen hatte.

Es wäre beinahe noch zu einem Eklat gekommen. Nach seiner Wahl und einer wiederum „geschliffenen“ Dankes- und Programm-Rede hatte Frank Welzin vorgeschlagen, den bisherigen Vorsitzenden zum Ehrenvorsitzenden zu ernennen. Doch der hatte erklärt, dass er sich im Augenblick außerstande sehe, eine solche Ehrung anzunehmen.

2

Ich kenne Frank Welzin, solange ich lebe. Unsere Väter waren Arbeitskollegen, die Familien wohnten nebeneinander in der Werkssiedlung, und wir wurden in derselben Woche geboren. Unsere Mütter, die, wie das damals üblich war, ihre Arbeit aufgaben, wenn sie kleine Kinder zu versorgen hatten, haben uns zusammen in unseren Kinderwagen ausgefahren. Das Kindergeschrei von Frank muss also zu den ersten Eindrücken gehört haben, die ich aufnahm.

Wir wuchsen auf wie Geschwister. Unsere Geburtstage feierten wir gemeinsam, ein Jahr bei uns, das andere bei ihnen. Franks ältere Schwester passte auf uns auf, wenn die Eltern nicht zu Hause waren, und wir kümmerten uns, als wir älter wurden, um meine jüngeren Geschwister. Kein Zaun trennte die beiden Gärten, und in der Mitte lag ein großer Sandkasten, in dem die Kinder beider Familien unermüdlich Burgen bauten und wieder einrissen.

Franks Vater leitete das Entwicklungsbüro der Maschinenfabrik, die die Wirtschaft unserer kleinen Stadt beherrschte, und mein Vater war Meister der Lehrlingswerkstatt. Beide zählten sich zum mittleren Management der Firma, hielten sich deshalb auch von Gewerkschaft und Betriebsrat fern und erzählten uns immer voller Stolz, wenn einer der beiden Chefs sie angesprochen hatte. Meine Mutter war die Tochter eines Arbeiters, der seit einem Unfall in der Fabrik eine kleine Rente bezogen hatte und mit 61 Jahren gestorben war. Sie war nicht gut auf die Chefs zu sprechen und forderte meinen Vater immer auf, sich gegen ihre Vormacht zu wehren und sich für mehr Mitbestimmung einzusetzen. Der lachte aber nur und sagte, davon verstehe sie als Frau nichts. Franks Mutter stammte von einem Bauernhof in einem Nachbardorf. Sie bebaute mit Hingabe ihren Garten und half auch meiner Mutter dabei, und den Betrieb verstand sie wie eine Bauernwirtschaft, wo einer das Sagen haben muss und die anderen seine Anordnungen ausführen.

Wir gingen zusammen in den Werkskindergarten gleich um die Ecke. Von Vorschule war damals noch nicht die Rede. Die „Tanten" spielten mit uns und sangen einfache Lieder. Wir lernten Zähne putzen und Schuhe anziehen. Am Ende der Spielzeit mussten wir die Spielsachen wieder sorgfältig aufräumen, und da setzte es wohl auch manchmal einen Klaps, wenn einer sich nicht ordentlich beteiligte. Beim großen Betriebsfest, das jedes Jahr am letzten Tag vor Beginn der vierzehntägigen Betriebsferien gefeiert wurde, kletterten wir Kindergartenkinder am Nachmittag auf die Bühne in der Stadthalle und sangen ein Lied: „Hab 'ne Tante in Marokko" oder „Wer will fleißige Handwerker sehn". Der ganze Saal klatschte, und wir bekamen jeder einen süßen Wecken und eine Tasse Kakao.

Frank und ich besuchten den Kindergarten nur in den letzten anderthalb Jahren, bevor wir eingeschult wurden, denn unsere Mütter waren ja zu Hause und konnten uns betreuen. Aber wir sollten uns doch auch schon einmal an die größere Gruppe gewöhnen, bevor es in der Schule damit Ernst wurde. Frank hatte schon vorher seine Eltern gedrängt. Er wollte gern in den Kindergarten gehen. Mir war das nicht so wichtig, aber wenn er wollte, dann wollte ich auch. Heute glaube ich, es ging ihm nur darum, sich aus der Vormundschaft seiner älteren Schwester zu befreien. Tatsächlich übernahm er von Anfang an in unserer Spielgruppe die Führung, teilte die Spielsachen zu und bestimmte, was gemacht wurde. Heute frage ich mich, wie er das fertig gebracht hat. Wenn er sagte: „Du nimmst jetzt den Pferdewagen und fährst die Bauklötze dort in die Ecke", dann war klar, dass der oder die Angesprochene das tat. Was hätte er gemacht, wenn einer sich widersetzt hätte? Wenn er mit den Bauklötzen lieber einen Turm gebaut hätte? Ich weiß es nicht. Ich kann mich nicht erinnern, dass das jemals geschah.

Einmal hat es doch Streit gegeben. Ein Junge aus einer anderen Spielgruppe hatte sich gerade die Holzeisenbahn aufgebaut, als Frank ihn aufforderte, sie an uns abzugeben. Der weigerte sich, und als Frank ihm die Teile einfach wegnahm, fing er an zu schreien. Eine der Tanten fragte, was los sei. Da erklärte Frank, er brauche jetzt die Eisenbahn für ein Spiel in seiner Gruppe. Ich dachte, die Tante würde jetzt sagen, sie sollten sich einigen, sonst bekäme keiner die Eisenbahn, denn so pflegte meine Mutter Streit beizulegen. Aber sie gab Frank Recht und fordere die Kinder der anderen Gruppe auf, sich nicht so anzustellen und vor allem nicht zu schreien. Mir fiel das damals nicht weiter auf. Frank war immer so, auch ich tat, was er sagte. Aber im Nachhinein muss ich doch fragen, wie er das gemacht hat, und mich wundern, dass es ihm immer nachgesehen wurde.

In der Schule war es dann nicht viel anders. Auch hier bestimmte er von Anfang an, was Sache war. In den Pausen war das ohnehin kein Problem. Aber auch in den Unterrichtsstunden setzte er sich durch. Wenn er sich meldete, wurde er dran genommen. Wenn er etwas sagte, ohne sich zu melden, nahm der Lehrer das hin und lobte ihn sogar für seinen Eifer. Wenn ihm etwas nicht passte, sagte er es. Geräteturnen gefiel ihm nicht, also erreichte er, dass wir stattdessen ein Ballspiel machen durften. Die ganze Klasse war ungefragt seine treue Gefolgschaft. Wenn er jemanden mochte, setzte er sich für ihn beim Lehrer ein, und das half. Wenn er jemanden nicht mochte, so wurde der von der Klasse geschnitten. Es war keine Frage, dass er von der zweiten Klasse an, als zum ersten Mal ein Klassensprecher gewählt wurde, immer dieses Amt innehatte.
Schwieriger wurde es auf dem Gymnasium, in das wir auch wieder gemeinsam wechselten. Denn da kamen ja auch aus anderen Schulen Schüler, die nicht nur begabt und fleißig waren, sondern die auch gelernt hatten, sich durchzusetzen. In den ersten Tagen hielt sich Frank zurück und beobachtete die neuen Kameraden. Schnell fand er heraus, dass er nur einen wirklich als Konkurrenz fürchten musste. Karl Eichwanger kam aus einer Dorfschule, seine Eltern waren Landwirte, er roch immer ein bisschen nach Stall, wenn er in die Klasse kam. Er war fleißig und zuverlässig, und die Lehrer mochten ihn. Als wir nach zwei Wochen unseren ersten Klassensprecher wählen sollten, schlug ich Frank vor, und ein anderer nannte den Namen von Karl Eichwanger. Als die Stimmzettel ausgezählt wurden, stellte sich heraus,

dass Eichwanger zwei Stimmen mehr erhalten hatte als Frank. Unser Klassenlehrer erklärte, dass damit Karl unser Klassensprecher sei und Frank sein Stellvertreter. Frank stand auf, ging zu Karl hin und gab ihm die Hand. „Gratuliere“, sagte er, „auf gute Zusammenarbeit.“ Als ich ihn auf dem Nachhauseweg fragte, wie er das mit der Zusammenarbeit gemeint habe, lächelte er nur und sagte: „Du wirst schon sehen.“

Ein paar Tage später herrschte schon in der Pause große Aufregung. Als unser Klassenlehrer ins Zimmer kam, meldete sich eine Mitschülerin, Heda von Zenglitz, und sagte unter Tränen, jemand habe ihren wertvollen Ring gestohlen. Er sei ein Erbstück von ihrer Urgroßmutter. Sie habe ihn vor der Sportstunde abgezogen und in einem Etui in ihrer Schultasche versteckt, und jetzt sei er nicht mehr da. Ich wunderte mich, dass sie den Ring überhaupt in die Schule mitgenommen hatte, aber diese Adligen, dachte ich, die spinnen halt manchmal. Unser Lehrer nahm die Sache sehr ernst. Er forderte den Dieb auf, den Ring sofort herauszugeben. Man werde die Sache dann als dummen Scherz behandeln. Als sich niemand meldete, forderte er uns auf, einzeln zum Pult zu kommen. Wir mussten die Schultaschen ausleeren, auch die Taschen in den Hosen und Jacken, dann durften wir alles wieder einpacken. Die Sache zog sich hin. Ich hielt das ganze Verfahren für unsinnig, denn kein Dieb würde doch so naiv sein, den gestohlenen Gegenstand einfach in seine Tasche zu stecken. Ich hätte den Ring, wenn ich der Dieb gewesen wäre, unter mein Hemd geschoben. Da hätte ihn der Lehrer mit Sicherheit nicht gefunden. Schließlich kam Karl Eichwanger an die Reihe. Er leerte seine Tasche aus, wie alle anderen vor ihm, und da kullerte das Etui mit dem Ring gleich als erstes auf den Tisch. Er erschrak, und auch der Lehrer und die ganze Klasse erschraken. Das konnte doch nicht wahr sein. Aber da lag das Beweisstück, und der Ring fand sich tatsächlich auch ganz ordentlich in seinem Etui.

Unser Lehrer stand auf und sah von oben auf den armen Sünder herab. Erst sah er ihn lange an, ohne ein Wort zu sagen. Auch Karl, der auf einmal ganz klein aussah, fand keine Worte. Schließlich stammelte er: „Aber – ich habe den Ring – nicht weggenommen." „Wie kommt er dann in deine Tasche?" Eichwanger zuckte hilflos die Schultern. „Von selber wird er nicht hineingeflogen sein." Jetzt schien es, als lache der Lehrer den Übeltäter auch noch aus. In diesem Augenblick meldete sich Frank. „Wir glauben doch alle nicht", sagte er, „dass Karl ein Dieb ist. Er wird ihn aus Versehen in seine Tasche gesteckt haben, ohne sich etwas dabei zu denken. Wenn er ihn gefunden hätte, dann hätte er ihn sicher gleich zurückgegeben."

„Es ist ja schön, dass du deinen Klassenkameraden verteidigst, aber so einfach schaffen wir die Sache nicht aus der Welt. Ich schlage vor, dass sich Karl bei Heda entschuldigt. Und Klassensprecher kann er nach dieser Geschichte auch nicht mehr sein. Frank, du bist jetzt der Sprecher, und einen Stellvertreter wählen wir in der nächsten Stunde. Ob ich dem Schulleiter etwas sage, muss ich mir noch überlegen."

Karl drehte sich zu Heda um, die hinter ihm saß, aber die hielt ihre Hände auf dem Rücken verschränkt. Am

nächsten Tag erfuhren wir, dass Karl Eichwanger von der Schule abgemeldet worden war.
Auf dem Nachhauseweg sagte ich zu Frank, dass ich es gut gefunden habe, wie er Karl verteidigt hatte. „Du glaubst doch auch nicht, dass er ein Dieb ist“, fragte er mich. „Da hat ihm jemand einen bösen Streich gespielt. Aber unsere Pauker sind zu dumm, um das zu verstehen.“ Jedenfalls blieb Frank unser Klassensprecher bis zum Abitur.

3

Heute fand ich in der Zeitung einen Bericht über den neuen Parteivorsitzenden. Er sei viel unterwegs, hieß es da, und besuche die Provinzgeschäftsstellen und –vorstände seiner Partei. Es war ein Foto dabei, das Frank Welzin zeigt, wie er gerade in sein Auto steigt. Der Chauffeur hält ihm die Tür auf. Irgendwie kam mir der Mann bekannt vor. Ich las die Bildunterschrift: „Frank Welzin und sein Fahrer Karl Eichwanger nach dem Besuch der Landesgeschäftsstelle in Oberfurt." Mir verschlug es den Atem. Tatsächlich, das war unser kurzzeitiger Klassenkamerad, der nach der Geschichte um den Ring von Heda vollständig aus unserem Umfeld verschwunden war.

Ich hatte mir längst klar gemacht, was damals passiert war. Frank selbst musste den Ring aus Hedas Tasche genommen und in die von Karl gesteckt haben. So war er die Konkurrenz ein für allemal losgeworden. Aber offenbar hatte er ihn nicht aus den Augen gelassen. Wahrscheinlich hatte Karl nach seinem Abgang vom Gymnasium einen mittleren Abschluss gemacht. Vielleicht war er Automechaniker. Das würde zu seiner Rolle als Chauffeur passen. Und er wird nie auf die Idee gekommen sein, Frank könne hinter der Geschichte von dem gestohlenen Ring gesteckt haben. Aber warum hatte ihn Frank jetzt in seine Umgebung geholt? Wollte er etwas wieder gutmachen? Entsprach das eigentlich seinem Charakter?

Am liebsten hätte ich ihn gleich angerufen und ihn gefragt, was in Gottes Namen er mit Karl Eichwanger vorhabe. Aber ganz abgesehen davon, dass man ihn jetzt nicht mehr so leicht ans Telefon bekommen würde, wir hatten seit Jahren kein Wort mehr miteinander gewechselt. Ich hatte ihm die Freundschaft aufgekündigt, nachdem das mit meiner Schwester passiert war. Er hatte sie einfach sitzen lassen und war mit der Tochter eines Parteifreundes zusammen gezogen.

Ich bekam die ganze Sache nur zufällig mit. Als ich nach meinem Examen für ein paar Ferientage nach Hause kam, war meine jüngste Schwester auch da. Das wunderte mich, denn sie wollte nach ihrem Abitur eigentlich Betriebswirtschaft studieren und war deshalb in eine Universitätsstadt gezogen. „Wusstest du das nicht?“ fragte meine Mutter. „Sie war doch schon seit zwei Jahren mit Frank zusammen und freute sich darauf, ihm jetzt näher zu sein. Sie wollte sich eigentlich gar kein eigenes Zimmer suchen, sondern mit Frank zusammenziehen. Er jedoch meinte, sein Zimmer sei für zwei zu klein, aber sie könnten sich ja jetzt öfter sehen. Doch auch damit hielt er sie hin, er müsse sich jetzt voll auf seine Dissertation konzentrieren. Und dann erwischte sie ihn eines Tages mit der neuen Freundin. Ihr Vater ist Finanzminister in Tannstadt. Da hat sie ihr Studium erst einmal hingeschmissen und ist wieder heimgekommen.“

Zu meiner Schwester Katharina, die wir alle nur Katja nannten, hatte ich ein besonders enges Verhältnis. Sie war sechs Jahre jünger als ich, und ich hatte mich immer als ihr Beschützer gefühlt. Sie hat sich auch gern von mir beschützen lassen. Das Zwillingspärchen, das zwischen uns auf die Welt gekommen war, bildete eine

Gruppe für sich. Sie spielten und werkelten gemeinsam, sie brauchten weder den älteren Bruder noch die jüngere Schwester. Später heirateten sie ein Geschwisterpaar, und sie leben mit ihren Familien zusammen in einem Doppelhaus. Als ich zum Studium aus dem Haus ging, lockerte sich zwar das Verhältnis zu Katja, aber wir wechselten regelmäßig Briefe und sahen uns ja auch in den Ferien. Ich wusste, dass sie in Frank verliebt war und freute mich, dass unsere Freundschaft auch noch ein familiäres Fundament bekommen sollte. Dass sie schon „mit ihm zusammen" war, wie meine Mutter sagte, hatte ich nicht geahnt. Mir passte das nicht so ganz, ich hatte da ein wenig altmodische Vorstellungen. Aber es wäre ja vielleicht die heute übliche Vorstufe zu einer festeren Bindung gewesen.

Dass Frank meine kleine Schwester so einfach abserviert hatte, nahm ich ihm übel. Und ich schrieb es ihm. Es war ein kurzer und vorwurfsvoller Brief. Er antwortete nicht. Daraufhin machte ich keinen Versuch mehr, die alte Freundschaft am Leben zu erhalten. Aber ich verfolgte natürlich immer noch mit Interesse, was über seinen Werdegang in den Medien zu erfahren war.

4

Unsere Gymnasialzeit verbrachten Frank und ich zusammen, und wir saßen auch immer nebeneinander. Einige der Lehrer nannten uns „die Zwillinge". Frank blieb Klassensprecher, es war ganz selbstverständlich, dass er Jahr für Jahr wiedergewählt wurde. Als wir in der 9. Klasse waren, kandidierte er für das Amt des Schülersprechers. Der andere Bewerber war ein Schüler der 11. Klasse, Simon Bernauer. Eigentlich hätte der die besseren Chancen haben müssen, weil er älter war und einen zuverlässigen Eindruck machte. Aber in der Woche vor der Wahl hingen in allen Klassenzimmern Zettel mit dem Text: „Wir jüdischen Schüler unterstützen Simon." Sie hingen nur wenige Minuten, dann landeten sie in den Papierkörben. Aber jetzt wurde überall die Frage gestellt, ob es denn überhaupt jüdische Schüler an unserer Schule gebe. Man hatte noch nie von ihnen gehört. Doch, hieß es dann, es gebe wohl einen oder zwei, Bernauer jedenfalls sei einer von ihnen.

Die Sache musste sich bis zu den Lehrern herumgesprochen haben, denn einige griffen das Thema auf. Sie alle betonten, es sei völlig gleichgültig, ob jemand Jude sei oder nicht, es komme doch nur darauf an, dass er sich für das Amt eigne, um das er sich bewerbe. Freilich konnte es sich unser Deutschlehrer nicht verkneifen, hinzuzufügen, Juden seien immer schon sehr tüchtig gewesen, wenn es um die Wahl in öffentliche Ämter gehe. Unsere Stadt hätte ja auch in den zwanziger Jahren einen jüdischen Bürgermeister gehabt.

Niemand, kein Schüler und erst recht kein Lehrer, bezweifelte, dass Simon Bernauer ein guter Schülersprecher sein würde, und dass er Jude sei, spiele dabei doch überhaupt keine Rolle. Aber er wurde nicht gewählt. Nur in drei Klassen erhielt er die Mehrheit, und Frank landete einen überwältigenden Sieg. Er forderte danach seinen Konkurrenten auf, im Team des Schülersprechers mitzuarbeiten, aber der lehnte das lächelnd ab. Ich stand dabei, als er ihn fragte. Mich hat er dann auch in sein Team geholt.

Bald war Frank nicht nur Schülersprecher. Damals fingen die politischen Parteien an, in den Schulen Ableger ihrer Jugendorganisationen aufzubauen. Selbstverständlich trat Frank einer dieser Gruppen bei und wurde auch sofort ihr Vorsitzender. Und als sich diese Gruppen dann landesweit zusammenschlossen, gehörte er von Anfang an zum Vorstand der Provinzorganisation und wurde bald für einige Jahre deren Sprecher.

Es war klar, dass er bei all diesen Tätigkeiten keine Zeit für Hausaufgaben hatte. Manchmal machte ich sie für ihn mit, das heißt, ich schrieb sie für ihn in sein Heft aus meinem ab, manchmal erledigte er das Abschreiben auch selbst. Bei Klassenarbeiten entwickelten wir unauffällige Methoden, Informationen auszutauschen. Er hatte keine glänzenden Noten, wurde aber immer versetzt. Wenn er aufgerufen wurde, verstand er es, mit Allgemeinplätzen den Lehrer erst eine Weile hinzuhalten, dann schnappte er das eine oder andere Wort auf und baute es geschickt in seine Antwort ein. Er erweckte immer den Eindruck, er wisse Bescheid, und dass er manches Mal für eine Antwort ziemlich lange brauchte, musste ganz offenbar an der Schwierigkeit des Stoffs liegen, um den er sich bemühte. Ein Referat, das er halten sollte, schrieb ich für ihn, und er hatte nicht einmal Zeit, es vorher durchzulesen, Aber er trug es vor, als habe er Tage lang daran gearbeitet, und bekam „sehr gut".

Mir hat diese Doppelbelastung nicht geschadet. Ich lernte früh, meine Zeit einzuteilen, ich musste mich notgedrungen genauer mit manchen Sachverhalten beschäftigen, als ich das vielleicht sonst getan hätte, und ich begriff, wie wichtig es ist, das, was man weiß, auch so vorzutragen, dass jeder merkt, man weiß es.

Schwierig wurde es beim Abitur. In Mathematik stand er auf der Kippe. Wenn er nicht wenigstens eine der Aufgaben lösen könnte, würde er nicht die Punktzahl erhalten, die er brauchte, um die Prüfung zu bestehen. Natürlich war ich bereit, ihm zu helfen. Aber wie sollten wir die scharfen Kontrollen überlisten? Da verfielen wir, richtiger: Frank verfiel auf eine neue Variante des Toilettentricks. Der war inzwischen auch in Lehrerkreisen bekannt geworden, deshalb war er nicht mehr sicher. Ein Schüler meldet sich zur Toilette ab, hinterlässt dort einen Zettel mit der Lösung, und nach einer Weile macht ein anderer dieselbe Tour und findet ihn. Aber jetzt kam es vor, dass zwischen zwei Schülern ein Lehrer auf die Toilette ging, und wenn er den Zettel fand, dann hatten beide wegen ihres Täuschungsversuchs die Prüfung nicht bestanden. Also das ging nicht mehr. Frank hatte eine andere Version erfunden: „Du gehst auf die Toilette und schreibst dort eine SMS mit der Lösung auf mein Handy. Später gehe ich und schaue mir die Sache an.“ „Aber Handys sind doch beim Abitur verboten“, wandte ich ein. „Die müssen wir nur eng am Körper verstecken. Eine Leibesvisitation werden sie nicht machen. Und dann natürlich ausschalten, damit es nicht plötzlich losklingelt.“

Genauso machten wir es. Ich fasste die wichtigsten Schritte der Lösung zusammen, er fand sie auf die angegebene Weise und brachte die Aufgabe richtig zu Ende. Damit hatte er die Punkte, die er brauchte, um das Abitur zu bestehen und die Hochschulreife zu erwerben.

5

Franks Schwester Anke kannte ich wie meine eigene Schwester. Sie war drei Jahre älter als wir und hatte uns beaufsichtigt und mit uns gespielt, als wir noch im Kindergartenalter waren. Später sahen wir uns dann seltener. Sie ging auf die Realschule und machte anschließend eine Lehre als Buchhändlerin. Als ich in meinen ersten Semesterferien nach Hause kam, traf ich sie in der Buchhandlung. Sie war größer, als ich sie in Erinnerung hatte, trug ihre langen blonden Haare offen und war zurückhaltend geschminkt. Sie hatte schwarze Jeans an und eine leichte Seidenbluse, die ins Rötliche schimmerte. Sie begrüßte mich freundlich, half mir, ein Geschenk für einen Freund auszusuchen und fragte, wie es mir gehe und was mein Studium mache. Wir plauderten eine Weile, und als ein neuer Kunde in die Buchhandlung trat, fragte ich sie, ob wir uns nicht einmal treffen könnten. „Ruf mich einfach an", sagte sie und gab mir ihre Karte, „wir finden sicher einen Termin."
Sie wohnte nicht mehr bei ihren Eltern, das sah ich an der Adresse. Gneisenaustraße, das musste einer dieser Neubauten im ehemaligen Kasernenviertel sein. Ein paar Tage später lud ich sie ins Kino ein, und so begann eine Freundschaft, in die sich bald heftigere Gefühle mischten. Wir trafen uns während der Semesterferien. Ein paar Mal besuchte sie mich in meinem Studienort. Wir telefonierten viel und erzählten uns, was wir erlebten. Als sich mein Studium zum Ende neigte, fragte ich sie, ob wir nicht, sobald ich eine Stelle gefunden hätte, zusammen ziehen und vielleicht auch heiraten sollten.

Sie lachte und fragte, ob ich so bald verbürgerlichen wolle. Aber es klang nicht ablehnend. Deshalb war ich doch überrascht, als sie ein paar Tage später anrief und sagte, sie habe sich meinen Vorschlag überlegt und sei der Meinung, wir „sollten Abstand davon nehmen". Sie gebrauchte diesen bürokratischen Ausdruck, der mir ziemlich unpassend schien. Ich fragte erschrocken, wie sie das meine. Aber sie wollte nicht mit der Sprache heraus. Wir sollten uns nicht so früh festlegen, sagte sie schließlich, wir seien ja noch recht jung, ich vor allem, und da könne ja noch so manches auf uns zukommen. Ich wandte ein, ich sei ja immerhin 26, und in diesem Alter seien meine Eltern schon verheiratet gewesen. Das sei heute eben anders, sagte sie. Ich fragte sie geradezu, ob sie meinen Vorschlag ablehne, und da sagte sie einfach „ja", und ich solle es nicht so schwernehmen.

Ich nahm es schwer. Die ganz große Leidenschaft war es wohl nicht gewesen. Aber dafür doch ein vertrautes Gefühl der Zusammengehörigkeit, wenn wir uns sahen oder telefonierten. Dass das auf einmal vorbei sein sollte, wollte ich nicht einsehen. Aber ihre Antwort war so entschieden gewesen, dass ich wusste, es würde nicht gelingen, sie umzustimmen. Die Sache wurde nicht besser, als mir einige Wochen später meine Mutter erzählte, sie hätte gehört, Anke werde in Kürze heiraten. Meine Eltern kannten meine Beziehung zu Anke, aber sie nahmen wohl an, es sei eher die Fortsetzung unserer alten Kinderfreundschaft. Ihr künftiger Mann sei Journalist, wusste meine Mutter noch. Bei meinen Eltern sah ich auch ihre Hochzeitsanzeige. Sie hatte genügend Taktgefühl, mir keine zu schicken. Aber ich merkte mir den Namen ihres Mannes, und einige Zeit später fand ich ihn in der Zeitung als Pressesprecher im Vorstand von Franks Partei. Ob er wohl die Verbindung eingefädelt hatte?

Zu dem Zeitpunkt bestand die Beziehung zwischen Frank und meiner Schwester Katja noch. Mir gefiel der Gedanke, dass sich auf diese Weise doch eine familiäre Verbindung zu meinem Freund herstellen lassen würde. Und da fiel mir auf, dass meine Gefühle für Franks Schwester vielleicht doch in erster Linie ihm gegolten haben könnten. Anke mochte das gemerkt haben. Vielleicht hatte sie deshalb meinen Antrag, denn so hätte man das früher wohl genannt, abgelehnt. Allerdings, wenn sie jetzt einen Parteifreund ihres Bruders heiratete, dann durfte man doch die Frage stellen, ob das wirklich die große Liebe war. Aber das waren Spekulationen, und denen wollte ich mich nicht weiter hingeben.

Sie wurden wieder aufgerührt, als Frank die Beziehung zu meiner Schwester beendete. Er hatte irgendeinen Vorwand gebraucht, aber Katja brach zusammen, als sie erfuhr, dass er die Tochter seines Parteifreundes, des Finanzministers, geheiratet hatte. Sie wurde ernstlich krank, lag einige Wochen im Krankenhaus und musste sich dann noch länger schonen. Ich war in dieser Zeit zu Hause, schrieb Bewerbungen und wartete auf mein Abschlusszeugnis und das Diplom von der Universität.

Nach einiger Zeit war sie wieder bereit, mit mir zu reden. Nur über Frank durften wir nicht sprechen. Ihren Studienwunsch hatte sie aufgegeben. Eigentlich wollte sie gar nicht mehr aus dem Haus gehen. Man sehe ihr doch an, meinte sie, dass sie auf dem Weg sei, eine alte

Jungfer zu werden. Aber schließlich machte sie kurze Spaziergänge im Park mit oder begleitete mich auch einmal zu einem Rock-Konzert. Über einen Freund konnte ich ihr eine Stelle als Auszubildende in einem Rechtsanwaltsbüro anbieten. Die nahm sie schließlich an. Und nach vielleicht einem Jahr schrieb mir meine Mutter, dass sie ihre Verzweiflung überwunden habe. Aber von Männern wolle sie nichts mehr wissen. „Da wird sie wohl noch ein paar Jahre brauchen", fügte sie hinzu.

Die Ehe von Frank Welzin scheiterte nach zwei Jahren. Man sollte wohl richtiger sagen: Sein Schwiegervater, der Finanzminister, scheiterte, kam wegen einer undurchsichtigen Manipulation vor Gericht und erhielt eine Bewährungsstrafe wegen Untreue. Politisch war er tot. Und da gab es für Frank keinen Grund mehr, die Ehe mit der Tochter eines solcherart Gebrandmarkten fortzusetzen. Vielmehr, es gab einen guten Grund, diese Ehe nicht fortzusetzen, und er ließ sich scheiden. Er hatte aber das verwandtschaftliche Verhältnis zu dem Landespolitiker gut genutzt, und nun wurde er Staatssekretär bei dessen Nachfolger.

6

Frank hatte, als er sich um den Parteivorsitz bewarb, ausdrücklich betont, dass er nur dieses Amt anstrebe und keineswegs die Absicht habe, auch als Spitzenkandidat in die nächste Wahl zu gehen. „Ich habe großen Respekt vor dem Amt des Parteivorsitzenden", hatte er gesagt, „und weiß, dass es meine ganze Kraft fordern wird, unsere Partei aus dem gegenwärtigen Tief wieder herauszuholen." Der verehrte Vorsitzende sei selbstverständlich auch in Zukunft der „geborene Ministerpräsident", wie er sich ausdrückte. Er werde ihm ein vertrauensvoller Partner sein und ihn mit allen Kräften unterstützen, die er in der Partei mobilisieren könne – „und da gibt es mehr, als Sie, verehrte Parteifreunde, im Augenblick erwarten würden".
Die ganze Bewerbungsrede war im Internet zugänglich, und ich hatte sie mit Interesse gelesen. Nur seine Komplimente an den Amtsvorgänger glaubte ich ihm nicht. Frank war nicht jemand, der einen anderen über sich dulden würde. Und er würde es schon schaffen, dass es vor der nächsten Wahl keine Alternative zu ihm gäbe. Er nutzte die Stellung, die er jetzt innehatte, mit äußerstem Geschick. Es gab kein Thema, zu dem er nicht etwas zu sagen hatte, und zwar zunehmend in die Mikrofone der öffentlichen Fernsehsender. Er saß in jeder Talkshow – nein, natürlich nicht in jeder, da gab es inzwischen einfach zu viele, und manche liefen ja gleichzeitig über die Sender – aber man hatte jedenfalls den Eindruck, dass er ständig in den Plauderrunden zu sehen war. Er hatte immer etwas zu sagen, und er sagte es

charmant und einprägsam. Tatsächlich brachte er eine ganze Reihe politischer Schlagworte in Umlauf, und zwar so, dass man sich gern daran erinnerte, wann und von wem sie geprägt worden waren. Über die protestierenden Studenten der Hauptstadt-Universität sagte er: „Da wollen wohl die Lehrlinge Meister spielen." Die Familie nannte er „die Blaupause menschlichen Zusammenlebens". Als er nach den neuesten Umfrageergebnissen gefragt wurde, sagte er, er wolle nicht in einer „Demoskopokratie" leben. Nichtwähler nannte er „Trittbrettfahrer" oder „blinde Passagiere der Freiheit", und von seiner Partei verlangte er, sie müsse „weiter denken als die Regierung handeln kann".

In den großen Tageszeitungen, in Magazinen und Wochenblättern erschienen Aufsätze von ihm. Die Illustrierten brachten große Bildstrecken: „Welzin besucht die jugendlichen Gäste seiner Partei aus den afrikanischen Katastrophengebieten." ... „Welzin im Krankenhaus bei den Explosionsopfern." ... „Frank Welzin kondoliert den Eltern der tödlich verunglückten Kinder." ... „Welzin bei den Demonstranten an der Castor-Strecke." Er nahm keine Rücksicht darauf, dass seine Partei inzwischen als Juniorpartner in der Regierung saß. Keiner der anderen Spitzenleute seiner Partei konnte sich so in Szene setzen, denn sie alle waren Minister der gegenwärtigen Regierung. Mitunter kamen Ermahnungen, von seinen Parteifreunden in der Regierung und auch von einigen überregionalen Presseorganen, er dürfe sich nur im Rahmen der Politik bewegen, die seine Partei immerhin mitgestalte, oder gar, auch für ihn sei der Koalitionsvertrag bindend. Dieses Ansinnen wies er im

Ton staatsbürgerlicher Verantwortung zurück. Parteien seien nicht die Erfüllungsgehilfen der Regierung, sie müssten über die engen Grenzen, in denen sich Regierungshandeln bewegen könne, hinausgreifen. Und immer wieder fanden sich Professoren und Publizisten, die ihm Recht gaben und seine Vorstellungen unterstützten.

Zu den Sitzungen des Koalitionsausschusses schickte er meistens seinen Generalsekretär, denn er sei, entschuldigte er sich, gerade irgendwo unabkömmlich. Man konnte ihn also auch von dieser Seite nicht zähmen. Bald gab es in der Fraktion Stimmen, die seinen Rücktritt forderten, aber sie riefen im Gegenzug den wütenden Protest zahlreicher Parteimitglieder, vor allem der jüngeren, auf den Plan, sodass er aus solchen Attacken immer gestärkt hervor ging.

Ich fragte mich manchmal, wie Frank diese ungeheure Arbeitsflut stemmen konnte. Eigentlich fleißig war er nie gewesen. In der Schule hatte er sich mit meiner Hilfe durchgemogelt, das habe ich ja schon erzählt. Er hatte sein Studium in der vorgesehenen Zeit abgeschlossen und dann auch noch promoviert. Seine Arbeit hatte ich gelesen, sie erschien bald nach der Promotion im Druck. Er hatte keine weltbewegenden neuen Einsichten formuliert, aber seine Aufarbeitung der Presseberichterstattung über eine Affäre im Heer schien mir erschöpfend und schlüssig. Da hatte er offenbar nicht geschlampt. Und fremdes Material konnte er kaum benutzt haben, das gab es einfach noch nicht.

Schließlich sagte ich mir, er muss da in seiner Parteizentrale gute Leute haben, die ihm einen Teil der Arbeit abnehmen und ihm sachkundig zuarbeiten. Das würde heißen, dass er Aufgaben delegieren und sich die Ergebnisse fremder Arbeit zu eigen machen kann. Und das hatte er ja schließlich auch in der Schule schon gekonnt.

7

Nach dem Abitur hatten sich unsere Wege getrennt. Frank begann sein Studium an der „Universität am Meer“, wo er auch segeln lernte. Später wechselte er in die Hauptstadt. Was genau er studierte, habe ich nie herausgefunden. Nach dem, was ich in den ersten Semesterferien von ihm erfuhr, war es eine Mischung aus Jura, Volkswirtschaft, Politologie und Soziologie.

Ich dagegen blieb an unserer Provinzuniversität und begann mein Studium der Pharmazeutik und Chemie. Dort traf ich dann überraschend Simon Bernauer. Der hatte gerade sein Vordiplom in Chemie gemacht und nahm an einem Tutorenprogramm für Erstsemester teil. Er war nicht mein persönlicher Tutor, aber bei den gemeinsamen Besprechungen der Tutorengruppe begegnete ich ihm. Auch nach Ende des Einführungskurses hielt er Verbindung, und wir wurden gute Freunde.

„Weißt du“, sagte er einmal, „die Art, wie Frank Welzin mich damals bei der Wahl zum Schülersprecher ausgebootet hat, war irgendwie genial. Natürlich war es gemein, mich auf diese Weise als Juden zu kennzeichnen. Aber das hat mich gar nicht einmal so sehr verletzt. Schließlich bin ich Jude, und das habe ich voll und ganz akzeptiert. Erschreckt hat mich nur, dass das ein Argument für meine Mitschüler war, mich nicht zu wählen. Ich hatte eigentlich immer gedacht, in unserem demokratischen Staat spiele das überhaupt keine Rolle mehr.“

Ich zögerte eine Weile, denn ich überlegte mir, ob ich ihn mit meiner Frage verletzten würde, aber dann fragte ich ihn doch: „Aber dann hättest du doch immer schon einfach sagen können, dass du Jude bist." „Das ist eine lange und schwierige Geschichte", sagte er nach einer Weile. „Um es kurz zu machen: Die Generation meiner Eltern und Großeltern ist durch die Erfahrungen mit den Nazis so traumatisiert worden, dass die meisten sich nur ganz im Verborgenen als Juden zu erkennen geben. Ich habe viele Jahre gebraucht, bis ich diese Angst überwunden habe."

Ein anderes Mal fragte er: „Hast du das gelesen? Unser Freund Frank ist AStA-Vorsitzender an seiner Uni." Und einige Zeit später zeigte er mir eine Pressenotiz über den neu gewählten Bundesvorstand einer politischen Studentenorganisation. Da tauchte Frank als zweiter Vorsitzender auf. Bevor er aber dort an die Spitze aufrücken konnte, erfuhr ich von Katja, die damals noch mit ihm befreundet war, er habe die Partei gewechselt.

Das nun löste ein Rätsel, das sich mir zunehmend aufgedrängt hatte: Wieso war Frank Mitglied einer kleinen Partei geworden? Von dort aus würde er nie an die entscheidenden Positionen an der Spitze gelangen können. Als ich ihn einmal fragte, lachte er und sagte: „In einer kleinen Partei sind die Wege von unten nach oben nicht so weit." Aber nun verstand ich ihn noch besser. Als AStA-Vorsitzender und als Vorstandsmitglied einer politischen Studentenorganisation war er auch für die große Volkspartei, in die er nun eintrat, von Interesse. Und gleich nach seinem Examen und seiner Promotion engagierte ihn ein Abgeordneter seiner Partei als Assistenten.

Das musste so recht eine Aufgabe nach seinem Geschmack sein. Immer mitten drin in den Diskussionen und den Intrigen um die Macht. Wer eine solche Stelle auszufüllen versteht, der kann eine Unmenge von nützlichen Kontakten knüpfen, und der sammelt auch einen Schatz von Wissen an, das ihn vorwärts bringt und notfalls gegen politische Gegner unangreifbar macht. Und das gilt erst recht für Gegner in der eigenen Partei.
Als sein Schwiegervater als Provinz-Finanzminister scheiterte, wurde ein Abgeordneter aus dem Hauptstadt-Parlament sein Nachfolger. Und der nahm Frank als Staatssekretär mit in sein Ministerium. Dass er eine Zeit lang der Schwiegersohn des vorigen Ministers gewesen war, wurde offenbar bald vergessen. Ich wunderte mich, wie schnell er die Scheidung von seiner Frau bewerkstelligte, bis ich erfuhr, dass sie bald danach einen Finanzmakler heiratete. Die Ehe war also für beide Partner nichts mehr wert, und sie machten sich gegenseitig keine Schwierigkeiten.
Ich hatte inzwischen auch meine Abschlussprüfung hinter mir und bekam bald eine aussichtsreiche Stellung in einem kleinen Pharma-Unternehmen. Dort traf ich Simon Bernauer wieder, der einige Zeit vor mir auch dort untergekommen war. Gelegentlich sprachen wir in einer Pause über unseren gemeinsamen Freund Frank, denn obwohl wir ja beide Grund genug hatten, ihn nicht zu mögen, so schienen uns doch geheime Fäden der Sympathie mit ihm zu verbinden.

8

Als Frank Welzin nach seinem großen Wahlsieg dem früheren Parteivorsitzenden und Regierungschef das Amt des Außenministers in der neuen Regierung anbot, wurde für mich ein Verhaltensmuster deutlich, das ich bei Frank schon öfter beobachtet hatte, ohne es als solches zu erkennen.

Ich erinnerte mich an einen Vorfall in dem Sportverein, in dem wir beide einige Jahre Handball spielten. Frank hatte den Ehrgeiz, in unserer Mannschaft Spielführer zu werden. Der bisherige Spielführer war ein großer schmaler Junge. Er lebte bei seiner Mutter, und bei Vereinsausflügen und Feiern machte er meist nicht mit. Uns war klar, dass er das Geld nicht hatte. Aber Frank stichelte immer gegen ihn, er sei sich wohl zu vornehm für solche gewöhnlichen Veranstaltungen. Ein paar der Mitspieler wurden gegen ihn ausfällig, da warf er seinen Posten hin. „Wählt euch doch einen anderen Spielführer." Frank wurde gewählt. Aber gleich nach seiner Wahl ging er auf seinen Vorgänger zu, dankte ihm vor der ganzen Mannschaft für seine bisherige Tätigkeit, und beim Trainer legte er immer ein Wort für ihn ein und sorgte dafür, dass er Stammspieler blieb. Kein Wunder, dass er Frank dankbar war und zu seinen treusten Gefolgsleuten im Verein und in der Mannschaft gehörte.

Daran hatte ich auch gedacht, als ich das Bild mit seinem Chauffeur sah. Er hatte Karl Eichwangers Schulkarriere zerstört, aber nun gab er ihm eine Stelle in seinem Umfeld. Damals, im Sportverein, fragte ich ihn, warum er den früheren Spielführer so vorziehe. Er lachte. „Ich habe doch gar nichts gegen ihn. Ich wollte nur seinen Posten. Und da ich ihn habe, gibt es für mich keinen Grund, mir ihn zum Feind zu machen. Im Gegenteil, je freundlicher ich ihm begegne, desto schneller wird er seinen Groll vergessen."

Trotzdem wunderte ich mich, dass das so einfach für ihn war. Ich dachte, ich würde auf sein Manöver nicht hereinfallen. Immerhin, sein Parteifreund nahm den Posten im Kabinett an und ordnete sich fortan fugenlos in die Politik von Frank Welzin ein.

Und da dachte ich an Katja. Womöglich würde er versuchen, auch sie wieder an sich zu ziehen. Ich hatte sie länger nicht gesehen. Seit ich mein Studium abgeschlossen hatte, kam ich selten zu meinen Eltern, und da hatte ich Katja auch nur ausnahmsweise getroffen. Es gehe ihr gut, sagte meine Mutter, sie habe eine angenehme Stelle in einer Kanzlei, werde ordentlich bezahlt und sei mit den Chefs zufrieden. Und wenn ich fragte, ob sie denn keinen Freund habe, winkte meine Mutter ab. „Davon will sie nichts wissen. Vielleicht später, denke ich."

Ich nahm mir ein paar Tage Urlaub und fuhr am Donnerstagabend nach Hause. Da müsste ich Katja wohl antreffen, dachte ich. Am Wochenende konnte sie ja schon einmal etwas unternehmen. Aber sie war nicht da. „Sie ist in die Hauptstadt gefahren", sagte mein Vater, als ob das nichts Besonderes wäre. Was tut sie mitten in der Woche in der Hauptstadt? Bei mir schrillten alle Alarmglocken.

Am Sonntagabend kam sie zurück. Sie war fröhlich, begrüßte mich mit einer Umarmung und sah schöner aus als je. Nach dem Abendessen lud ich sie zu einem Spaziergang ein. „Wir können am Seeufer noch ein Glas Wein trinken“, schlug ich vor. Ich suchte einen wenig begangenen Weg und überlegte, wie ich das Gespräch auf ihre Reise bringen könnte, ohne dass sie sich ausgefragt vorkam. Aber sie machte es mir leicht: „Rate mal, wen ich getroffen habe.“ Ich konnte es mir denken, tat aber so, als hätte ich keine Ahnung. „Du wirst es nicht glauben: Frank!“ „Den Regierungschef?“ „Genau den.“ „Und wie trifft man den? So zufällig in einem Café oder in der Straßenbahn?“ Sie wurde ein wenig rot. „Natürlich nicht. Er hat mich eingeladen, und ich habe ihn in seiner Wohnung im Regierungspalais besucht. Das war vielleicht ein Umstand, bevor die mich dort rein ließen. Aber dann war alles ganz normal.“

Ich machte mir so meine Gedanken. „Was heißt hier: normal?“ „Frank zeigte mir den ganzen Apparat. Es war ja Samstag, und die meisten Büros waren leer. Im Kabinettssaal wurde gerade eine Wand neu gestrichen. Frank sitzt auf einem Stuhl mit extra hoher Lehne. Dann haben sie unheimlich viel Technik im Haus, Computersysteme, Funkverbindungen in alle Welt.“ „Ich dachte, die sind im Auswärtigen Amt.“ „Frank hat mir erklärt, dass er unabhängig vom Außenminister jederzeit Verbindung in alle wichtigen Hauptstädte haben will. Eine seiner Sekretärinnen war da. Er braucht immer eine Art Stammbesetzung im Haus, auch an den Wochenenden. Der hat er mich als seine Jugendliebe vorgestellt.“ „Und dann hast du auch bei ihm übernachtet?“ Katjas Hand zuckte, aber sie beherrschte sich und sah mich nur böse an. „Jetzt hast du eigentlich eine

Ohrfeige verdient. Du hast eine ganz falsche Vorstellung von Frank. Er hat mir ein schönes Hotelzimmer bezahlt. Und am Abend war ich in der Oper. Da konnte er natürlich nicht mitkommen, das hätte zu viel Aufsehen erregt. Aber seine Sekretärin hat mich begleitet. Als ich mich bei ihm bedankte, sagte er, er freue sich, dass er seinen alten Freunden auch einmal etwas Schönes bieten könne. Und er fragte, warum du dich so ganz zurückgezogen hast."

„Eigentlich deinetwegen", sagte ich. „Ich nehme es ihm bis heute übel, dass er dich wegen so einer Karriere-Heirat sitzengelassen hat. Jetzt hast du nicht einmal studiert und musst mit dem Job einer besseren Sekretärin zufrieden sein." „Davon hat Frank auch gesprochen. Hier im Amt kann ich dich nicht einstellen, sagte er, da würden die Leute nachforschen und das würde ein schlechtes Licht auf uns beide werfen. Aber wenn ich eine gute Stelle in einem Ministerium oder einer der obersten Behörden finde, biete ich sie dir an." „Er will dich doch nur zu Dankbarkeit verpflichten und verhindern, dass du schlecht über ihn sprichst. Du könntest eine Menge Geld verdienen, wenn du einem dieser Schmierenblätter eure Geschichte verkaufst." Katja sah mich erschrocken an. „Das würde ich doch auf keinen Fall tun", sagte sie. „Sollst du auch nicht. Aber da geht Frank eben lieber auf Nummer Sicher und bietet dir eine attraktive Stelle an. Ich würde mich nicht darauf einlassen."

Katja schwieg, dann wechselte sie das Thema, erzählte mir einiges aus ihrem Berufsalltag, der sie zufrieden zu

stellen schien, und kam nicht mehr auf ihren Besuch in der Hauptstadt zurück.
Dass Frank einen ehemaligen Mitschüler als Chauffeur anstellte, konnte ja noch angehen. Als mir dann Simon Bernauer erzählte, dass er von Frank angesprochen worden sei, ob er an einer einflussreichen Stelle im Wissenschaftsministerium Interesse habe, kam mir das schon bedenklicher vor. Wollte er da einen möglichen Gegner ruhig stellen? Die Aktion gegen Simon, als es um den Posten des Schülersprechers ging, roch ja bedenklich nach Antisemitismus. Das würde sich entschieden schlecht ausnehmen. Ich war eigentlich ganz zufrieden, dass Simon, der mir das erzählte, hinzufügte, er habe das Angebot dankend abgelehnt, weil ihm seine wissenschaftliche Arbeit wichtiger sei.
Die Sache mit Katja schien in das Muster zu passen. Jemanden einbinden, der vielleicht eine unschöne Geschichte erzählen könnte. Aber war es das wirklich? Frank hatte nach seiner Scheidung nicht wieder geheiratet. Es soll einmal eine kurze Affäre mit einer Schauspielerin gegeben haben, aber danach hatte man nie wieder etwas über erotische Beziehungen gehört. Entweder war er wirklich so bedürfnislos, oder er konnte seine Geliebten erfolgreich verstecken. Eine Sekretärin in einem Ministerium, das böte sich doch an. Nein, dafür war mir meine Schwester zu schade. Ich würde also aufpassen. Allerdings wusste ich, dass ich sie vielleicht warnen konnte, aber im Übrigen war sie erwachsen und konnte selbst entscheiden.
Eins jedenfalls war mir klar: Ich würde mich von Frank nicht kaufen lassen. Er war nicht mehr mein Freund.

Ich stünde ihm nicht mehr zur Verfügung. Dachte ich. Doch als er mich tatsächlich rief, bin ich dem Ruf, wenn auch zögernd, gefolgt. Aber das ist eine spätere Geschichte.

9

Wenn man meinen Bericht bis hierher gelesen hat, muss man den Eindruck gewinnen, dass Frank Welzin nach seinem schnellen Aufstieg zum Staatssekretär einer Provinzregierung ebenso rasch weiter geklettert ist bis zum Parteivorsitzenden und Regierungschef. Das war natürlich nicht so. Dieses erste Regierungsamt hatte er nur kurze Zeit inne, da verlor seine Partei die Mehrheit und musste in die Opposition wechseln. Als politischer Beamter wurde er in den einstweiligen Ruhestand verabschiedet. Da hätte er erst einmal ausgiebig Urlaub machen können. Aber das war nicht seine Art. Er wollte ja nach oben, und auf diesem Weg gibt es keine Ruhepausen.

Also bewarb er sich auf eine Referentenstelle in der Parteizentrale, setzte sich beim folgenden Wahlkampf zum nationalen Parlament für einige der jüngeren Kandidaten tatkräftig ein und fand sie nach der Wahl im Parlament. Bei der nächsten Wahl kandidierte er selbst und gewann die Direktwahl in einem umstrittenen Wahlkreis, und das gegen den allgemeinen Trend, der seine Partei immer mehr schrumpfen ließ. Aus dieser Position und als einer der besten Redner im Parlament wurde er in den Vorstand und das Präsidium seiner Partei gewählt, und von dort startete er dann in das Amt des Parteivorsitzenden.

Vieles davon, vor allem in den ersten Jahren, wurde in der Presse kaum wahrgenommen. Aber Frank hatte einen guten Freund in unserer Lokalredaktion, und der begleitete seinen Weg getreulich und zuverlässig. Meine

Mutter schnitt immer alle Berichte über Frank aus der Zeitung aus und schickte sie mir. „Er war doch mal dein bester Freund, und da interessiert dich bestimmt, was er so treibt“, schrieb sie dann, und ich kann nicht leugnen, dass mir diese Berichte so wichtig waren, dass ich sie in einer besonderen Mappe sorgfältig aufbewahrte.

Aber mehr noch. Ich war auch bemüht, ihn immer wieder einmal unmittelbar zu erleben, und da waren die Wahlkämpfe, die sich ja, wenn man alle Provinz- und Kommunalwahlen dazu nimmt, fast immer irgendwo abspielen, eine gute Gelegenheit. Frank war sich nicht zu schade, als Abgeordneter und später als Parteivorsitzender auch einem Bürgermeisterkandidaten in einer mittleren Stadt zu Hilfe zu kommen. Wenn das irgendwo in erreichbarer Nähe geschah, fuhr ich hin, versteckte mich ein wenig zwischen dem Volk, und er hat mich anscheinend auch nie entdeckt.

Allmählich verstand ich, wie er seine Wahlreden aufbaute. Er beschrieb die politische Lage klar und, wenn es sein musste, schonungslos. Er erklärte, wie es zu dem Einsatz des Militärs in einem anderen Land gekommen war, zeigte auf, dass es sich nicht um „Krieg“, nicht um „Eroberung“ oder „Vernichtung eines Gegners“ handle, beschrieb, wie die Lage sich entwickelt habe, anders auch, als er sie vorausgesehen hatte, und verlangte von der Regierung, den Einsatz zu beenden. Er beschrieb die wirtschaftliche Krise, in der wir gerade mal wieder steckten, nannte es einen Fehler, dass die Regierung während des letzten Booms zu großzügig mit den reichlich fließenden Steuereinnahmen umgegangen sei, und nannte ein paar Maßnahmen, die man treffen müsse, um die Lage zu stabilisieren. Er ging auf einen Bauskandal in der Stadt ein, in der er gerade auftrat, geißelte scharf die Mentalität, die dazu geführt hatte – „da wollte sich jemand auf Kosten der Allgemeinheit ein Denkmal errichten" – und empfahl den Kandidaten seiner Partei für das Bürgermeisteramt als jemanden, der durch seine bisherige Tätigkeit als Kämmerer,oder als Amtsrichter oder als erfolgreicher Unternehmer, je nachdem, um wen es sich handelte, bewiesen habe, dass er nicht so kleinkariert denke.

Mir fiel auf, dass er immer nur Dinge versprach, die man vernünftigerweise von einem Regierungswechsel oder vom Wechsel in einem bestimmten Amt erwarten konnte. Ich habe ihn nie bei einem Versprechen ertappt, das offensichtlich unerfüllbar war. Allerdings schilderte er den kleinen Fortschritt, den er verhieß, in warmen Tönen und ließ ihn als die große Lösung des Problems erscheinen. Als Zuhörer hatte man das Gefühl, hier stehe jemand, der wirklich unsere Probleme kennt.

Ich habe einmal die Nachschrift einer solchen Rede in einem Magazin gefunden. Da war er schon der Spitzenkandidat seiner Partei:

Meine sehr verehrten Damen und Herren,

in zwei Wochen wählen Sie ein neues Parlament. Sie entscheiden, wer in den nächsten vier Jahren die Geschicke unseres Landes in die Hand nehmen darf. Natürlich erwarten Sie jetzt, dass ich Sie auffordern werde, meine Partei und damit auch mich zu wählen. Das werde ich nicht tun. Ich bitte Sie hingegen, sehr genau ab-

zuwägen, welche Politik die bisherige Regierung verfolgt hat, was sie gut, was sie schlecht gemacht hat, und was meine Freunde und ich Ihnen dagegen anbieten.
Natürlich hat die Regierung nicht alles falsch gemacht. Im Gegenteil, sie hat viele Wohltaten über Sie, die Bürger und Wähler ausgeschüttet. Sie hat das Arbeitslosengeld erhöht, und ich werde nie behaupten, dass Arbeitslose das nicht nötig hätten. Sie hat die Eltern unterstützt, und wer wäre nicht dafür, alles zu tun, um die Zahl der Kinder, die ja einmal unsere Aufgaben übernehmen sollen, zu erhöhen. Sie hat die Studiengebühren an den Hochschulen unseres Landes abgeschafft, damit mehr junge Menschen aus den weniger wohlhabenden Schichten unseres Volkes studieren und damit die bestmögliche Ausbildung erhalten können. Sie hat unsere Soldaten in fernen Ländern zur Förderung des Friedens eingesetzt, und dieses Ziel ist gewiss die hohen Kosten wert, die durch die Auslandseinsätze entstehen.
Aber diese Regierung hat auch Fehler gemacht. Sie haben das in Ihrer Region unmittelbar erfahren, als der große Industriebetrieb, der die wirtschaftliche Kraft Ihrer Stadt ausmachte, seine hiesige Produktion schloss und in Länder der Dritten Welt verlegte. Ja, werden Sie sagen, aber das war doch keine Entscheidung der Regierung. Natürlich nicht, der Wirtschaftsminister hat ja mit deutlichen Worten gegen diese Entscheidung protestiert, und niemand hätte mehr gewünscht als ich, dass sein Protest Erfolg gehabt hätte. Aber haben Sie sich auch gefragt, warum die Besitzer und Manager der Firma diese Entscheidung getroffen haben? Ich will es Ihnen sagen: Weil diese Regierung in unserem Land ein

wirtschaftsfeindliches Klima geschaffen hat. Sie hat das ja gut gemeint. Sie hat hohe Lohnabschlüsse ermutigt, das war schön für Sie. Sie hat den Kündigungsschutz verschärft, das hat Ihre Sicherheit verbessert. Sie hat die Unternehmenssteuern erhöht, das hat Geld in die Staatskasse gespült für die Wohltaten, von denen ich eben schon gesprochen habe. Das alles schien zu Ihrem Vorteil zu geschehen. Aber dafür sind jetzt viele von Ihnen arbeitslos. Und seien Sie ehrlich: Ein geregeltes sicheres Einkommen ist doch gewiss mehr wert als ein höheres Arbeitslosengeld. Und die Erhöhung Ihrer Löhne und Gehälter war ja auch nicht so gewaltig, dass Sie sich einen Vorrat für Zeiten der Arbeitslosigkeit hätten zurücklegen können.

Deshalb, meine Damen und Herren, werde ich, wenn Sie mir Ihr Vertrauen schenken, alle diese Wohltaten wieder zurücknehmen. Sie werden weniger Geld und weniger Sicherheit haben. Aber Sie werden in einem Klima leben, das die Erhaltung und weitere Entwicklung unserer Wirtschaft unterstützt und Ihnen damit Ihre Arbeitsplätze, die ja Ihre wirkliche Sicherheit sind, bewahrt. Sie wird den Familien weniger Geld geben. Denn die Zahl der Neugeborenen hat trotz aller Geldgeschenke nicht zugenommen. Und wir werden den Studenten wieder zumuten, einen Teil der Kosten, die ihr Studium für das ganze Volk verursacht, aufzubringen, und sei es durch höhere Abgaben für die von ihnen, die später in gut bezahlten Berufen stehen. Die Statistik erweist auch hier, dass alle Wohltaten die Zahl der Studierenden aus Arbeiterfamilien nicht erhöht haben. Und deshalb soll nicht länger der kleine Mann mit sei-

nem bescheidenen Einkommen den jungen Leuten eine Berufsausbildung bezahlen, die ein höheres bis hohes Einkommen erwarten lässt. Und wir werden die laufenden Auslandseinsätze unserer Soldaten überprüfen und nach Möglichkeit beenden, denn auch sie haben ihr Ziel weit verfehlt.

Und vor allem: Wir werden die Staatsverschuldung nicht erhöhen, sondern im Gegenteil deutlich herunterfahren. Wir dürfen nicht länger heute auf Kosten von morgen, die Eltern und Großeltern dürfen nicht länger auf Kosten der Kinder und Enkel leben. Das werden keine leichten Zeiten sein, die ich Ihnen verspreche, aber Sie werden eine ehrliche und auf die Länge der Zeit wirksame Politik erleben, wenn Sie nach einer sorgfältigen Prüfung unserer Auffassungen im Unterschied zu den Versprechungen unserer Konkurrenten zu der Entscheidung kommen, meiner Partei und mir Ihr Vertrauen und Ihre Stimme zu geben.

Ich danke Ihnen.

Anfänglich traten in seinen Wahlveranstaltungen auch politische Gegner auf, die ihn durch Fragen, manchmal auch durch Behauptungen, in ein schiefes Licht zu rücken suchten. Er hörte immer geduldig zu und brachte dann durch eine kurze, schlagfertige Antwort die Zuhörer auf seine Seite. Da schilderte einer in aller Ausführlichkeit, welche Kosten durch die gestiegenen Benzinpreise für ihn als Pendler monatlich entstünden und beklagte sich darüber, dass der Wahlredner und seine Partei eine Regulierung der Kraftstoffmärkte ablehne. „Sie hätten die Frage sehr viel kürzer stellen können: Wol-

len wir eine staatliche Aufsicht über die Mineralölkonzerne? Und ich antworte ebenso kurz: Nein, denn das Problem können nicht Beamte lösen, die wir dazu einsetzen müssten, sondern der Markt, der die Produktion sparsamerer Modelle erzwingt und den Verbraucher veranlasst, über andere Fortbewegungsmittel nachzudenken." Ich fand es richtig, dass Frank hier nicht in den Fehler verfiel, einfach populistisch auf die Anregung des Fragestellers einzugehen, wobei doch jedermann gewusst hätte, dass seine Partei niemals zu einer wirklichen Marktregulierung bereit gewesen wäre. Freilich schien mir seine Antwort in der Sache ein wenig dünn, aber er trug sie mit soviel Überzeugungskraft vor, dass der Saal ihm zujubelte.
Jemand warf ihm das Fehlverhalten jenes Finanzministers aus seiner Partei vor – „er war ja wohl Ihr Schwiegervater" -, und es entstand ein Gemurmel im Saal, das sicher nicht freundlich gemeint war. „Der Herr Minister ist für seinen Fehler ordentlich bestraft worden, meine Partei hat nichts getan, um etwas zu vertuschen" – das stimmte nicht ganz, aber so genau wusste das wohl niemand mehr – „und im übrigen habe ich noch nie gehört, dass sich schlechte oder gute Eigenschaften vom Schwiegervater auf den Schwiegersohn vererben". Da hatte er die Lacher auf seiner Seite. Er hätte natürlich auch sagen können: „Er ist nicht mehr mein Schwiegervater", aber damit hätte er seine Scheidung als Argument benutzt, und das wäre in der kirchlich-konservativen Kleinstadt, in der er auftrat, nicht so gut angekommen. Es fiel auf, dass die Angriffe der politischen Gegner seltener wurden und schließlich ganz aufhörten. Sie

schienen begriffen zu haben, dass sie ihm mit kritischen Fragen und Angriffen nur Vorlagen lieferten, die er prompt nutzte.
Seine Wahlauftritte waren natürlich einfacher, solange seine Partei in der Opposition stand. Da hätte es auch ein schwächerer Redner leicht gehabt, die Fehler der Politik zu benennen und sie dem politischen Gegner in die Schuhe zu schieben. Aber er tat das immer zurückhaltend, wurde nie ausfällig oder persönlich. Er hatte sich also immer voll in der Gewalt, denn dass solche Attacken unter der Gürtellinie meistens auf den Angreifer zurückfallen, war ja allgemein bekannt, nur vergaßen das in der Hitze des Gefechts die meisten seiner Kollegen. Er sagte auch nie: „Wenn Sie uns wählen, werden wir den Fehler beheben", sondern zeigte ganz ruhig auf, wie eine Lösung des Problems aussehen müsse. Nur war jedem Zuhörer sofort klar, dass der Mann da vorn, der das so überzeugend vortrug, natürlich derjenige war, der diese Vorschläge am besten und wirksamsten umsetzen könnte.
Als er Regierungschef war, wurde das schwieriger für ihn, denn die Fehler, die natürlich weiterhin unterliefen, konnte er nun keinem anderen mehr zuschreiben. Er schilderte das Problem also verständlich, gab zu, dass es Fehleinschätzungen und Fehlentscheidungen gegeben hatte, machte eine kurze Andeutung, dass natürlich kein Mensch unfehlbar sei, sprach dann aber mit Entschiedenheit davon, wie er die Schwierigkeiten zu beheben denke. Die Hörer fühlten sich ernst genommen, und sie fassten Vertrauen zu einem Politiker, der auch über eigene Fehler sprechen konnte. Und wenn Frank

auf diese Weise Veränderungen angekündigt hatte, dann konnte man sicher sein, dass im Laufe der folgenden Woche die Zeitungen von Regierungsplänen dieser Art berichteten. Ich habe eine Zeitlang die weitere Entwicklung solcher Themen verfolgt. Sie waren bald wieder aus den Schlagzeilen heraus, und dass sich wirklich etwas durchgreifend geändert hätte, konnte man gewiss nicht sagen. Da aber die meisten Wähler die Politik nicht so genau verfolgen, verfestigte sich die Meinung, Frank Welzin sei tatkräftig und vertrauenswürdig, und was er verspreche, das halte er auch. Es ist kein Wunder, dass er schon als Oppositionspolitiker in der Beliebtheitsskala ganz weit oben stand, und als Regierungschef schwebte er uneinholbar in höchsten Höhen.

10

Als ich vor einem Umzug meinen großen Schrank ausräumte, fiel mir ein Stapel alter Schulhefte in die Hand. Ich blätterte sie durch: Mathematik-Klassenarbeiten. Hier eine Zwei, aber meist eher Drei. Das war nicht so ganz mein Fach gewesen. Englisch-Hausheft. Französisch-Vokabelheft. Deutsch-Aufsätze. Die sollte ich vielleicht behalten, das liest man später sicher mit Interesse. Die anderen konnte ich wegwerfen. Biologie und Chemie, das war eher interessant, denn das betraf meinen jetzigen Beruf. Geographie, Politik. Ein kurzer Blick, dann auf den Abfallhaufen. Nun ein Heft in einer fremden Handschrift, ohne Titel und Namen. Mit roten Lettern auf der ersten Seite:

DIE GROSSE UTOPIE.

Ich musste überlegen. Frank und ich. Da waren wir ungefähr 15 oder 16, also in einem Alter, in dem man glaubt, man verstehe die Welt. Wir hatten uns Nachmittage und Abende lang darüber unterhalten, wie die Welt nach unserer Auffassung aussehen müsse. Und dann hatte Frank gesagt: „Ich schreibe das mal auf." Als wir nach dem Abitur auf unsere Universitäten zogen, hatte er mir das Heft geschenkt. „Erinnerung an eine unschuldige Kindheit", hatte er gesagt und gelacht. In den Jahren seither hatte ich unsere Gespräche und das Heft vergessen. Jetzt blätterte ich interessiert darin.
„Utopien sind nicht utopisch" stand auf der ersten Textseite, und dann: *„Wenn der Seemann den Polarstern anpeilt, dann will er nicht dorthin, sondern er berechnet*

aus seiner Stellung seinen Kurs.“ Das kam mir bekannt vor, er musste es irgendwo abgeschrieben haben. *„Die große Utopie soll mein Polarstern sein.“*
Auf den nächsten Seiten hatte er in ausgesucht schöner Schrift aufgeschrieben, wie die Welt beschaffen sein sollte, in der er leben wollte:

„Jeder Mensch hat das Recht, seine Fähigkeiten vollständig zu entwickeln.“
•••
„Kunst und Kultur stehen jedem Menschen zu. Museen und Konzerte müssen unentgeltlich oder gegen mäßige Gebühr zugänglich sein.“
•••
„Vor dem Arzt sind alle Menschen gleich.“
•••
„Wirtschaftliche Unternehmen unterliegen nicht staatlicher Bevormundung.“
•••
„Die Staaten sollen in Frieden und gegenseitigem Verständnis zusammenleben.“
•••
„Natur und Landschaft verdienen den besonderen Schutz der Gesellschaft.“
•••
„Die Freiheit des Einzelnen kann dauerhaft nur innerhalb einer gerechten Gesellschaft bewahrt werden.“

Es folgte noch ein gutes Dutzend leerer Seiten. Ich blätterte sie durch, aber Frank hatte sie nicht mehr benutzt. Nur auf der letzten Seite fand sich in derselben Schmuckschrift der Hinweis:

„Wiedervorlage am 50. Geburtstag“

11

Allmählich wurden die Pausengespräche mit Simon Bernauer immer mehr von Frank Welzin beherrscht. Wir berichteten uns, was wir in verschiedenen Publikationen über ihn gelesen hatten. Simon las ein Kulturmagazin, ich ein politisches. Er hatte eine eher bürgerliche Zeitung abonniert, ich eine linksliberale. Da ergaben sich schon recht unterschiedliche Bilder von unserem früheren Freund. Aber sie stimmten darin überein, dass sich Welzin an der Spitze seiner Partei unersetzbar gemacht hatte, und alle diese Medien trauten ihm zu, dass er die nächsten allgemeinen Wahlen gewinnen könnte. Und hier und da tauchte auch schon einmal die Meinung auf, er werde sich am Ende die Spitzenkandidatur seiner Partei zu sichern wissen.

Noch stand sein Wort, er wolle sich auf den Parteivorsitz beschränken und seinem Vorgänger oder einem anderen Spitzenkandidaten, den die Partei wählen würde, den Weg in den Amtssitz ebnen helfen. Aber bewies er nicht durch seine tägliche Präsenz in den Medien, dass er mit Abstand der aussichtsreichste Kandidat war? Wie lange würde seine Partei brauchen, bis sie das merkte?

„Ich sehe seinem Weg sehr kritisch zu“, sagte Simon eines Tages, „aber ich muss sagen, dass er bisher nichts falsch gemacht hat. Er hat sich deutlich von seiner Fraktion abgesetzt, als er im Parlament für das Adoptionsrecht gleichgeschlechtlicher Paare eintrat. Aber der Sturm im Wasserglas, den daraufhin die Fraktion veranstaltete, entfachte nur einen viel stärkeren aus der Partei, die ihn unterstützte. Ich habe ihn auf keiner offensichtlichen Lüge ertappt. Er verspricht nur, was er voraussichtlich auch halten könnte." Bevor Simon ein weiteres Beispiel aufzählen konnte, unterbrach ich ihn: „Honesty pays, Ehrlichkeit macht sich bezahlt".„Genau", sagte Simon, „ich glaube auch, dass er mit seiner Ehrlichkeit seinen Zweck verfolgt. Er sagt bestimmt nicht nur einfach die Wahrheit, weil ein anständiger Mensch das tut. Aber was spricht eigentlich dagegen, es auf diesem Wege zu versuchen? Wer die Wahrheit sagt, kann sich nicht in Lügen verfangen. Wer sich nicht korrumpieren lässt, kann nicht Opfer seiner Feinde werden."

Nach einer Weile sagte ich: „Du hast ja Recht. Aber ich höre doch auch heraus, dass es dir bei Franks Strategie nicht ganz wohl ist. Warum meinen wir, wir müssten etwas finden, was einen schwarzen Fleck auf seine weiße Weste wirft?" Simon sah mich eine Weile an: „Ich weiß", sagte er, „wir glauben nicht, dass er das Richtige nur tut, weil es richtig ist. Er tut es, weil es ihm nützt. Aber soll er deswegen das Falsche tun?"

So ähnlich endeten alle unsere Gespräche über Frank. Wenn Simon noch einen Groll gegen ihn hegte wegen der Schülersprecher-Wahl, die er ihm verpatzt hatte, dann zeigte er das nicht. Er bemühte sich im Gegenteil, unbedingt gerecht über ihn zu urteilen. Manchmal, so schien mir, übertrieb er seine Bemühung. Spielte da doch noch die alte Verletzung eine Rolle, die er sich nur nicht eingestehen wollte? Ich glaube, ich war da unbefangener. Schließlich war er viele Jahre mein bester, ja mein einziger Freund gewesen, und wir hatten ein gut Stück unserer Entwicklung gemeinsam durchlaufen.

Kritik an Frank war für mich beinahe wie Selbstkritik. Aber wie war das mit der Verletzung, die er mir zugefügt hatte, als er meine Schwester wegen einer politisch vielversprechenden Verbindung verschmähte? Und war es vielleicht doch er gewesen, der mir die Freundschaft seiner Schwester entzogen hatte? War ich also frei von Groll, und war mein kritisches Urteil wirklich gerechter?

Da kam Simon eines Morgens, noch vor unserer gewöhnlichen Kaffeepause, in mein Labor und legte mir einen Zeitungsausschnitt auf den Tisch. Es war ein Ausriss aus einer weit verbreiteten Boulevard-Zeitung. „Neues Glück?" stand da, und darunter ein Foto von Frank Welzin, Hand in Hand mit einer Frau. Es war wie ein Schlag. Die Frau war Katja, meine Schwester.

12

Als neuer Vorsitzender hatte Frank einen Scherbenhaufen übernommen. Die Partei, die an dauernde Wahlerfolge gewöhnt war, hatte den Absturz in die Opposition schwer verkraftet. Dann waren auch noch bei einer Reihe von Wahlen zu Provinzparlamenten Mehrheiten zusammengeschmolzen und verloren gegangen. Es hatte zahlreiche Austritte gegeben. Die Partei war verschuldet, denn die Zuschüsse aus der staatlichen Parteienfinanzierung verminderten sich mit den niedrigeren Wahlergebnissen. Zwei Flügel, die sich unter dem Druck des Erfolgs immer wieder zu Kompromissen zusammengerauft hatten, drohten völlig auseinander zu fallen. Seinen überzeugenden Erfolg auf dem Parteitag verdankte er der Tatsache, dass man ihn keinem der Flügel zuordnen konnte. Die Modernisierer hielten ihn für ihren Mann, die Konservativen jedenfalls nicht für ihren Gegner.

Ich fragte mich, wie Frank mit diesen beiden Gruppen umgehen würde. Müsste er nicht beide enttäuschen und gegen sich aufbringen? Erstaunlicherweise war von den Flügeln bald nicht mehr die Rede. Die Gespräche, die es mit beiden Gruppen gab, wurden natürlich nicht öffentlich geführt, und mehr als die Tatsache, dass sie tatsächlich stattgefunden hatten, drang nicht nach außen. Aber auch andere wollten wohl gern wissen, wie der neue Parteivorsitzende den Frieden in der Partei gestiftet hatte, und ein findiger Journalist veröffentlichte in einem Magazin die Geschichte dieser Gespräche. Er hatte aus seinen zahlreichen Interviewpartnern so viele Einzel-

heiten herausgefragt, dass er sich ein zusammenhängendes Bild davon machen konnte.
Frank hatte jeweils die erste Gelegenheit benutzt, an Treffen der Gruppen teilzunehmen. Und er hatte nicht den Fehler gemacht, ihnen jeweils nach dem Mund zu reden, denn das wäre bald durchgesickert, hätte die jeweils andere Gruppe verschreckt, und es hätte sich sehr schnell herausgestellt, dass er Zusagen, die er gemacht hätte, gar nicht hätte einlösen können. Vielmehr hatte er den Parteifreunden jeweils „gemäßigt widersprochen", wie der Journalist schrieb, Verständnis für ihre Anliegen gezeigt, aber auch deutlich gemacht, dass sie diese in der Partei nur durchsetzen könnten, wenn sie ihrerseits auf die andere Gruppe zugingen und ihr Zugeständnisse machten. Beiden Gruppen sei auch klar gewesen, dass man den neuen Mann nicht gleich beschädigen dürfe, wenn man aus dem Tal der Misserfolge heraus wollte. Und so waren im Gespräch zwischen den Gruppen Kompromisse ausgehandelt worden, hinter denen sich die ganze Partei versammeln konnte. Und Frank hatte nicht gezögert, die neuen Ziele gut verpackt in Pressegesprächen und Talkshows vorzustellen. In der Öffentlichkeit verstärkte sich der Eindruck, dass sich auf den politischen Ebenen etwas verändere. Diese positive Reaktion der Bürger wiederum wollte niemand aufs Spiel setzen, und das half zusätzlich, die Kompromisspositionen zu befestigen.
Bei den Freiheitlich-Konservativen tobte damals ein Glaubenskrieg über die Frage der Einbürgerung von Ausländern. Die regierende Arbeiterpartei hatte einen Gesetzesentwurf eingebracht, der die Einbürgerung er-

leichterte. Wer fünf Jahre im Land lebte, davon wenigstens vier Jahre einer steuerpflichtigen Tätigkeit nachgegangen war und einen einfachen Sprachtest bestand, der sollte Staatsbürger werden können, und sein Ehepartner und seine unmündigen Kinder gleichfalls. Das Gesetz würde im Abgeordnetenhaus, der zweiten Kammer des Parlaments, eine Mehrheit haben. Aber in der ersten Kammer, dem Provinzenhaus, könnte die FKP es blockieren. Während der fortschrittliche Flügel sich für einen Kompromiss einsetzte – die Verweildauer sollte auf sieben und das Arbeitsleben auf sechs Jahre hochgesetzt werden – waren die Konservativen strikt gegen jede Erleichterung der Einbürgerung. „Wir dürfen die Substanz unseres Volkes nicht verwässern“, war der Schlachtruf, mit dem sie Stimmung gegen den Gesetzentwurf machten. „Am Ende steht neben jeder Kirche eine Moschee, und unsere schöne Sprache wird zu einem Kauderwelsch mit türkischen und vielleicht bald auch noch chinesischen Brocken.“

Diesen Flügel nahm sich Frank zuerst vor. Zu der Sitzung brachte er einen ranghohen Funktionär aus dem Arbeitgeberlager mit, der den Abgeordneten in einem halbstündigen Vortrag mit Dutzenden von Zahlen und Powerpoint-Diagrammen zeigte, wie nötig die einheimische Wirtschaft Zuwanderer braucht. Es sei auch nicht mit ständig wechselnden „Gastarbeitern“ getan, wie man das früher einmal gemeint hatte, sondern man brauche Mitarbeiter, die langfristig Erfahrung an ihrem Arbeitsplatz sammelten und die einheimischen Arbeitstugenden übernähmen. Einbürgerung sei dafür der richtige Weg. Das schien den Konservativen einzuleuchten, weil es von einem handfesten Vertreter der Wirtschaft und nicht von irgendeinem „verbohrten Ideologen" kam. Jedenfalls argumentierten sie auf einmal eher kleinlaut für ihre Position, und Frank verließ sie mit dem Versprechen, er werde mit ihnen und der ganzen Partei zusammen nach einer Lösung suchen, die ihre berechtigten Bedenken berücksichtige.

Bei den „Fortschrittlern" in seiner Partei hatte es Frank natürlich leichter. Aber er brachte sie dazu, die Zeitvorgaben noch einmal auf zehn Jahre Verweildauer und acht Jahre Erwerbsarbeit zu erhöhen. Und schließlich schlug er in einem Fernsehinterview eine doppelte Staatsangehörigkeit als Zwischenlösung vor. Damit trat er zuerst einen einhelligen Protest in der ganzen Partei los, denn hatte man sich nicht gerade gegen diesen Vorschlag seit Jahren mit aller Kraft gestemmt? Aber schließlich dämmerte der einen Seite, dass man so tatsächlich die Einbürgerung am wirkungsvollsten erleichtere, während die andere überzeugt war, dass man auf diese Weise doch einen Trennungsstrich zwischen „uns" und „denen" ziehe. „Wer zwei Staatsbürgerschaften besitzt, hat jede nur halb", wie ein Abgeordneter in einem Interview formulierte.

Und dann erwies sich auch noch, dass die Regierung gern auf den Vorschlag einging, weil sie sich so auch die Mehrheit im Provinzenhaus sicherte. Die Presse konnte sich nicht genug tun, das Verhandlungsgeschick und die Durchsetzungskraft des neuen Vorsitzenden zu bewundern, und viele in der Partei begriffen, dass man nur mit einer solchen Haltung aus dem „Tal der Tränen" heraus und eines Tages wieder an die Macht kommen konnte.

Bisher war es in der Partei üblich gewesen, dass Arbeitsgruppen zur Vorbereitung von Gesetzesanträgen jeweils flügel-intern gebildet wurden und dann mit entsprechend einseitigen Vorschlägen an die Öffentlichkeit traten. Familienpolitische Anträge etwa kamen aus Gruppen des konservativen Flügels, wenn es um soziale Fragen ging, war der progressive Flügel zuständig. Das änderte sich fortan. Die Arbeitsgruppen, die sich bisher eher aus privaten Freundeszirkeln zusammengesetzt hatten, wurden nun von Partei und Fraktion offiziell bestellt, und sie wurden immer aus Vertretern aller Richtungen der Partei zusammengesetzt. Da konnte man in aller Ruhe nach Kompromissen suchen. An den entscheidenden Sitzungen dieser Arbeitsgruppen hatte der Parteivorsitzende regelmäßig teilgenommen und er hatte es verstanden, die besten Ansätze der verschiedenen Vorschläge so zusammenzufügen, dass am Ende ein ganz neuer Antrag entstanden war, mit dem alle zufrieden sein konnten. „Kompromiss nicht als der kleinste gemeinsame Nenner, sondern als das größte gemeinsame Vielfache" nannte das Simon Bernauer.
Es erwies sich, dass die neuen Vorschläge so überzeugend waren, dass sie auch das Gesetzgebungsverfahren stark beeinflussten und so der Opposition eine Mitwirkungsmöglichkeit eröffneten, die sie vorher nicht gehabt hatte. Jedenfalls entstand sowohl in der Partei als auch in der Öffentlichkeit und vor allem in der Presse der Eindruck, dass mit dem neuen Mann wirklich eine neue Form der Politik in unserem Land Einzug gehalten hatte.

Damit war auch die Austrittswelle gestoppt, bald übertrafen die Eintritte die Austritte bei weitem, die Mitgliedschaft entwickelte sich stetig nach oben, und damit stiegen die Einnahmen aus Mitgliedsbeiträgen. Zusätzlich gelang es Frank, eine Reihe von Spendern aus der Wirtschaft zurückzugewinnen, die unter dem Eindruck, die Partei könne ohnehin nichts mehr für sie tun, ihre milden Gaben zurückgehalten hatten.

Auch die Wahlergebnisse wurden besser. Bald nach Franks Wahl zum Parteivorsitzenden wurde der Oberbürgermeister in einer unserer größten Städte neu gewählt. Das Amt war seit jeher fest in der Hand der Konkurrenz gewesen, und auch die Wahl eines neuen Amtsinhabers schien ein Spaziergang für deren Kandidaten zu sein. Aber eine tüchtige Bewerberin aus Franks Partei hatte schon im ersten Wahlgang beachtlich abgeschnitten, und sie schaffte es in der Stichwahl, den Favoriten klar zu überflügeln. Dieses Ergebnis konnte sich der neue Mann noch nicht auf seine Fahnen schreiben, und Frank tat das auch nicht, aber in der Öffentlichkeit wurden die beiden Ereignisse doch als parallel und zusammenhängend wahrgenommen.

In einem föderalen Staat gibt es ja dauernd irgendwo Wahlen, und wenn es nicht die großen Parlamente sind, dann sind es Gemeinderäte und Kreistage. Hier begann sich die neue Tendenz zuerst abzuzeichnen. Bescheiden anfangs, ein paar Prozentpunkte hier und ein Landrat dort, aber die Presse machte schnell einen Trend daraus. Auch in den Provinzparlamenten machte er sich bemerkbar, ein paar Mal schaffte es Franks Partei in die Regierung, mal als Juniorpartner in einer großen Koalition, mal zusammen mit einigen kleineren Parteien. Deshalb waren alle gespannt auf die nächsten Wahlen zum nationalen Parlament. Der Wahlkampf war heftig, aber die üblichen Ausfälle gegen Personen blieben aus. Die Konkurrenz verlor sensationell neun Prozent, blieb aber stärkste Kraft, Frank holte sieben Prozent auf, und seine Partei ging in eine große Koalition, zu der es rechnerisch keine Alternative gab. Frank hatte seinen Vorgänger, den früheren Regierungschef, noch einmal als Spitzenkandidaten durchgesetzt, und der trat als stellvertretender Regierungschef in die Regierung ein.

Frank selbst hatte zwar in einem Wahlkreis kandidiert und war dort auch mit deutlicher Mehrheit gewählt worden, aber in der Fraktion hielt er sich zurück. „Ich habe als Parteivorsitzender genug zu tun", sagte er, als er von einem Reporter gefragt wurde, warum er nicht ein Ministeramt oder den Fraktionsvorsitz übernommen habe. Die Regierungsbeteiligung tat der Partei nicht gut, und in der „Sonntagsfrage" büßte sie bald die Hälfte ihres Zugewinns aus den letzten Wahlen wieder ein. In der Koalition ging vieles nicht zusammen, es gab immer wieder Streit, und so etwas kommt bei den Wählern nicht gut an. Die Konkurrenz profitierte von dem Ansehen ihres Regierungschefs, aber der kleine Partner sieht in einer solchen Konstellation meistens schlecht aus.

Es war deutlich zu spüren, von welchem Zeitpunkt an Frank das Ruder herumwarf. Simon hatte das damals gleich begriffen. Bei einer Abstimmung sprach er sich für einen Antrag der Opposition aus, und stellte sich damit gegen seine eigene Fraktion. Es ging um keine sehr wichtige Frage, aber sein Verhalten erregte doch gehöriges Aufsehen. Ich habe seine kurze Parlamentsrede im Internet gefunden und teile sie hier wörtlich mit:

Herr Präsident, meine Damen und Herren,

ich stehe heute nicht hier als der Vorsitzende meiner Partei, sondern als einfacher Abgeordneter, der nur seinem Gewissen verantwortlich ist. Mir ist bewusst, dass ein großer Teil der Abgeordneten aus meiner Fraktion mit dem, was ich vortragen werde, nicht einverstanden sein wird, sondern gewillt ist, den vorliegenden Gesetzesantrag abzulehnen. Ich glaube aber, dass sie damit in Widerspruch gerät zu dem, was sie mit dem Gesetz über die Zulassung eheförmiger Beziehungen von Menschen gleichgeschlechtlicher Orientierung selbst mit beschlossen hat.
Wenn wir eine Beziehung gleichgeschlechtlicher Partner, also die sogenannte Homo-Ehe, als eheförmig bezeichnen, gestehen wir ihr Dauerhaftigkeit und Tiefe des Gefühls zu. Damit ist sie einer herkömmlichen Frau-Mann-Beziehung in jeder Hinsicht vergleichbar und verfügt über die Qualität, die wir für die liebevolle Betreuung und Erziehung von Kindern voraussetzen. Ich sehe daher nicht ein, dass einer solchen Ehe das Recht verwehrt werden soll, Kinder zu adoptieren. Im Gegenteil, gleichgeschlechtliche Partner werden sich des Vorrechts, mit einem oder mehreren Kindern eine generationenübergreifende Familie bilden zu dürfen, in besonderer Weise bewusst sein und ihre Erziehungsaufgabe daher besonders ernst nehmen.

Die Annahme, dass aus einer solchen Familie überwiegend homosexuelle junge Menschen hervorgehen könnten, ist wissenschaftlich widerlegt. Homosexualität ist keine Krankheit, und sie ist nicht ansteckend. Den Widerspruch der Kirchen respektiere ich. Aber nach unserer Verfassung können sie gesellschaftliche Entscheidungen zwar empfehlen, aber nicht bestimmen.
Meine Damen und Herren, verehrte Kolleginnen und Kollegen meiner eigenen Fraktion, springen Sie über Ihren Schatten, erfüllen Sie das Versprechen, das Sie mit dem Gesetz über die Homo-Ehe gegeben haben und leisten Sie einen Beitrag zum gesellschaftlichen Frieden.

Es musste, wenn ich mich an die damalige Berichterstattung richtig erinnere, während dieser Rede eine unheimliche Stille geherrscht haben. Die meisten Abgeordneten von Franks Partei straften die Rede ihres Vorsitzenden mit Schweigen, und sie stimmten mehrheitlich gegen den Gesetzentwurf. Dafür tobte hinterher die Auseinandersetzung umso heftiger. In der Fraktion muss es hoch hergegangen sein, allgemein forderte man Franks Rücktritt vom Parteivorsitz, ja, es wurde sogar beantragt, ihn aus der Fraktion auszuschließen.
Doch bevor es zu Beschlüssen solcher Art kommen konnte, erhob sich ein wütender Sturm aus der Parteibasis. Die Abgeordneten wurden von ihren Orts- und Kreisverbänden mit Briefen, E-Mails, Twitter-Nachrichten und Anrufen bombardiert. Es drohten massive Konsequenzen, sollte man den Parteivorsitzenden in irgendeiner Hinsicht in seiner Stellung beeinträchtigen. Die Jugendorganisation würde geschlossen aus der Par-

tei austreten, die Frauen kündigten einen Beitragsboykott an, die Arbeitsgemeinschaft der Juristen warnte davor, die Gewissensfreiheit eines Abgeordneten zu beschränken. Es zeigte sich, dass die Partei nahezu geschlossen hinter ihrem Vorsitzenden stand. Er schien ihr der Garant für weitere Erfolge. Dass die Umfragewerte bröckelten, warf man der Fraktion und ihrem Schmusekurs in der Koalition vor. Dass Frank ausscherte, wurde als Zeichen verstanden, dass es damit jetzt vorbei sei.

Der Widerstand der Fraktion brach zusammen. Franks Stellung war so unangefochten wie nie zuvor. Der Fraktionsvorsitzende, der sich als die Speerspitze des Widerstands gegen Frank hervorgetan hatte, trat zurück, und den Nachfolger lenkte Frank aus dem Hintergrund in eine Art Opposition in der Koalition. Das kam in der Öffentlichkeit nicht so gut an, aber die Schuld wurde überwiegend dem größeren Partner zugeschrieben, der doch bitteschön, so las man es in vielen Zeitungen, darauf verzichten solle, immer seine Mehrheit auszuspielen. Die Umfragewerte stiegen wieder an, und damit verstummte der Rest des Widerstands gegen den „Großen Vorsitzenden“, wie er mitunter in gutmütigem Spott genannt wurde.

13

Frank setzte seine Politik der kleinen Nadelstiche fort, und die Fraktion, durch die Reaktion der Parteibasis verschreckt, folgte ihm widerstandslos. Die Minister aus Franks Partei versuchten anfangs ein wenig gegenzusteuern, aber sie taten es halbherzig, hin- und hergerissen zwischen der Verpflichtung auf den Dienst in der Regierung und dem Sog, den der Parteivorsitzende auf sie ausübte. Je schlechter das Image der Regierung wurde, desto heller strahlte der Stern von Frank Welzin, und er stieg auf den Beliebtheitsskalen der Umfrageinstitute in astronomische Höhen. Nur von ihm, dieser Eindruck verstärkte sich immer mehr, war ein Ausweg aus dem lustlosen Gezerre der heimatlichen Politik zu erwarten.

Die Wahlerfolge bei Provinz- und Kommunalwahlen stellten sich stetig ein. Frank gewann die Mehrheit in der Provinzialkammer des Parlaments und nutzte dieses Instrument gezielt, um die Regierung weiter in Schwierigkeiten zu bringen. Merkwürdigerweise nahm ihm das niemand übel. Im Gegenteil, was er gegen die Regierung vorschlug und teilweise durchsetzte, wurde durchweg als die bessere Lösung dargestellt und empfunden.

Allmählich wurde die Frage nach der Spitzenkandidatur bei der nächsten Parlamentswahl zum Thema in den Kommentaren der Zeitungen. Die Journalisten gingen selbstverständlich davon aus, dass Welzin diese Position anstreben und auch erhalten werde. Nur er selbst äußerte sich nie dazu. Es gab mehrere Parteitage in diesen Jahren, auf denen über Programme und brennende aktuelle Fragen diskutiert wurde. Aber die Frage nach dem Regierungschef stellte keiner. Und wenn Frank von Journalisten danach gefragt wurde, sagte er: Die Partei wird das rechtzeitig vor der nächsten Wahl entscheiden, und ich als Parteivorsitzender habe nur darauf zu achten, dass diese Entscheidung demokratisch abläuft und zu einem überzeugenden Ergebnis führt. Zu mehr ließ er sich nicht hinreißen.

Auf dem entscheidenden letzten Parteitag vor der nächsten allgemeinen Wahl stellte er selbst den Antrag, den früheren Regierungschef, der als Finanzminister der Koalitionsregierung angehörte, zum Spitzenkandidaten zu machen. Mit Begeisterung wurde der Vorschlag nicht aufgenommen. Dann meldete sich der Vorsitzende der Jugendorganisation zu Wort und warb in einer sehr emotionalen Rede dafür, Frank Welzin zum Spitzenkandidaten zu wählen. „Wenn einer uns aus dem Schlamassel der jetzigen Koalitionsregierung führen kann, dann ist es unser Vorsitzender. Es gibt keinen Besseren. Wer unserem Land etwas Gutes tun will, der wählt ihn."

Es gab viel Beifall, und auch weitere Redner schlossen sich dem Vorschlag an. Dann bekam der Verkehrsminister das Wort, und er erinnerte daran, dass „unser Freund Welzin" bei seiner Wahl zum Parteivorsitzenden ausdrücklich auf andere Ämter Verzicht geleistet habe. „Er macht eine so gute Arbeit für unsere Partei, dass ich ihn dringend bitte, bei seiner damaligen Aussage zu bleiben." Er konnte die Rede kaum zu Ende bringen, da er immer wieder durch laute Missfallenskundgebungen aus der Mitte der Delegierten unterbrochen

wurde. Frank musste ein paar Mal eingreifen, um ihm Gehör zu verschaffen.
Dann ging er selbst ans Rednerpult und hielt eine seiner kurzen, genau formulierten Reden, eine rhetorische Meisterleistung, wenn sie nicht so einfach aufgebaut wäre. Sie war später in allen Zeitungen im Wortlaut abgedruckt. Hier ist sie:

Verehrte Parteifreunde, meine Damen und Herren,

der Antrag, den der Vertreter unserer Jugendorganisation hier vorgestellt und begründet hat, ehrt mich, und ich danke für das Vertrauen, das in ihm zum Ausdruck kommt.
Mein verehrter Vorredner hat darauf aufmerksam gemacht, dass ich vor sechs Jahren, als ich hier zu Ihrem Vorsitzenden gewählt wurde, ausdrücklich erklärt habe, es gehe mir einzig und allein um die Führung der Partei. Ein Anspruch auf die Position des Spitzenkandidaten und des Regierungschefs sei damit nicht verbunden.
Meine Damen und Herren, ich stehe zu dieser Erklärung. (Vereinzelt Beifall) *Ich habe mich um die Aufstellung als Spitzenkandidat nicht beworben und tue das auch jetzt nicht. Aber durch den erwähnten Antrag hat sich die Situation für mich verändert. Nicht ich bewerbe mich, sondern ein Teil von Ihnen schlägt mich vor. Das ist eine neue Situation.* (Vereinzelt Buh-Rufe).
Und deshalb sage ich klar und eindeutig: Wenn eine Mehrheit dieses Parteitags mich zum Spitzenkandidaten wählt, werde ich diese Entscheidung annehmen (großer lang anhaltender Beifall), *und ich werde meine ganze Kraft dafür einsetzen, dass wir, Sie als Mitglieder und*

ich als Spitzenkandidat, die kommende Parlamentswahl auch gewinnen, um unser Land voranzubringen. (erneuter Beifall). *Wenn sich aber die Mehrheit dieses Parteitags dafür entscheidet, das Amt des Spitzenkandidaten einem anderen Parteifreund anzuvertrauen, dann werde ich ebenfalls meine ganze Kraft dafür einsetzen, dass wir, wir alle als Mitglieder und der von uns bestellte Spitzenkandidat, diese Wahl gewinnen, um unser Land voranzubringen.* (Beifall, die Delegierten erheben sich, lang anhaltender Beifall).

Die anschließende Abstimmung war eine reine Formsache. Frank erhielt über 80 Prozent der Delegiertenstimmen. Einige der Minister aus der Koalitionsregierung verließen den Saal, was mit höhnischem Beifall quittiert wurde. Zwei gaben noch am selben Tag ihre Parteibücher zurück.

14

Die Arbeitsweise von Frank Welzin änderte sich zunächst nicht, als er auch Spitzenkandidat seiner Partei geworden war. Ich hatte mir das Mitgliedermagazin seiner Partei besorgt, und da fand ich in jeder Ausgabe Informationen über seine Reden im Parlament, über Fachkonferenzen, die er leitete oder an denen er teilnahm, über seine Reisen zu Landes- und Kreisverbänden seiner Partei oder auch zu Ortsvereinen aus besonderem Anlass. Meist verbanden sich mit solchen Reisen öffentliche Auftritte. Er sprach vor Wirtschaftsvereinigungen, in kirchlichen Akademien, beim Feuerwehrtag, bei einem Bezirksverband der Landwirte, zur Eröffnung einer Theaterwoche, bei einem Treffen von Schriftstellern, vor Kommunalbeamten, Forstbeamten, Grenzpolizisten – er sprach überall, und vieles aus diesen Auftritten landete auch in den Spalten der Tageszeitungen. Mir wurde klar, dass Frank eigentlich schon seit seiner Wahl zum Parteivorsitzenden ständig auf Wahlkampftournee war. Nur hatte man das nicht als solche wahrgenommen. Übrigens auch jetzt vermied er es, den Leuten nach dem Mund zu reden. Immer wieder erregte er Missfallen bei seinen Zuhörern, aber im gleichen Maße Zustimmung bei den meisten anderen Bürgern. Er war jetzt einfach der „ehrliche Kumpel“, der seine Meinung nicht hinter unverständlichen Klauseln versteckte, sondern offen sagte, was er dachte, auch wenn er gelegentlich Pfiffe erntete. Und erstaunlicherweise wurde er immer wieder auch von Vereinigungen eingeladen, denen er zuvor kräftig auf die Füße getreten hatte.

„Das ist tatsächlich die beste und auf Dauer die einzige Strategie, die Erfolg verspricht", sagte Simon Bernauer, als ich das einmal mit ihm besprach. „Du kannst den Leuten das sagen, was sie hören wollen. Es gefällt ihnen, auch noch beim zweiten oder dritten Mal. Aber spätestens danach fragen sie sich, wie ehrlich diese Aussagen gemeint sein können. Und am Ende nimmt den Redner niemand mehr ernst. Die meisten unserer Politiker haben das nicht begriffen und tappen immer wieder in diese Falle. Das hat Frank von Anfang an vermieden. Weil er auch offensichtlichen Erwartungen widerspricht und ungerührt Pfiffe und Buh-Rufe einsteckt, nimmt man ihm ab, was er sagt. Und er wird sogar immer wieder eingeladen, weil man denkt, durch regelmäßigen Kontakt könne man ihn umstimmen. Das wäre doch viel mehr wert als ein leichtfertig gegebenes Versprechen, das alle freut, aber nichts bewirkt. Und dieses Verfahren nutzt sich auch nicht ab, sondern verstärkt sich eher von Mal zu Mal."

Der eigentliche Wahlkampf war kurz und heftig. Die bisherige Mehrheitspartei musste mit Verlusten rechnen und wehrte sich mit allen, auch schmutzigen Mitteln. Aber gerade dadurch strahlte der Stern des Herausforderers umso heller. Frank hatte auf seinem Weg an die Spitze tatsächlich keine Affären hinterlassen, oder wenn doch, dann waren sie so gut verborgen, dass sie niemand finden konnte, auch nicht die Reporter der vereinigten Skandalblättchen. Und die Geschichten, die man ihm anzuhängen versuchte, erwiesen sich sehr schnell als Flops. Er sollte einem Bekannten aus seiner

Zeit als Staatssekretär zu einer Stelle in einem Ministerium verholfen haben. Es stellte sich heraus, dass der betreffende Minister, der einer anderen Partei angehörte, den Mann mühsam aus seiner vorigen Stellung abgeworben hatte. Man hängte ihm einen Bordellbesuch an. Da meldete sich der Botschafter einer befreundeten Macht und teilte mit, an diesem Abend sei Herr Welzin sein Gast gewesen. Er habe einen Werbeauftrag seiner Partei ohne Ausschreibung an einen Verwandten gegeben. Die Parteizentrale veröffentlichte die Unterlagen der Ausschreibung und die Angebote, und es stellte sich heraus, dass der Auftrag ordnungsgemäß an den günstigsten Anbieter vergeben worden war. Und dass der Auftragnehmer so hieß wie Frank Welzins Mutter vor ihrer Heirat, war Zufall.
Die Wahlergebnisse entsprachen der allgemeinen Erwartung, aber dass Frank seiner Partei ein Plus von beinahe 15 Prozent verschaffte, während die bisherige Mehrheitspartei mehr als elf Prozent verlor, wurde doch als Sensation empfunden. Den ganzen Wahlabend über blieb offen, ob Frank auch eine Mehrheit der Sitze im Parlament errungen hatte. Schließlich stellte sich heraus, dass ihm ein Sitz zur Mehrheit fehlte. Die Fragen nach einer Koalition, die ihm die Journalisten den ganzen Abend stellten, wischte er energisch weg: „Über Koalitionen entscheiden die Zahlenverhältnisse und die Übereinstimmung in den Sachfragen", das war seine ständige Antwort. Und als einige der bisherigen Minister seiner Partei die eine oder andere kleine Partei als Mehrheitsbeschaffer ins Spiel brachten, wies sie Frank

freundlich, aber energisch zurück. „Fragen Sie mich in einer Woche, dann kann ich Ihnen mehr sagen."

Nach zwölf Tagen intensiver Gespräche mit allen im Parlament vertretenen Parteien verkündete Frank Welzin in einer mit Spannung erwarteten Pressekonferenz: „Wir haben umfassende Gespräche geführt. Es gab Übereinstimmungen und Annäherungen. Aber am Ende stellte sich heraus, dass jede mögliche Koalition mit unüberbrückbaren Differenzen belastet wäre. Deshalb habe ich mich entschlossen, meiner Partei zu empfehlen, eine Minderheitsregierung zu bilden."

Franks Entscheidung stieß bei der Masse der politischen Journalisten auf Widerspruch. Man prophezeite ihm schon bei der Wahl zum Regierungschef ein Desaster und gab einer Minderheitsregierung ohnehin nur eine kurze Überlebenszeit. „Frank Welzin hätte gut daran getan, Kompromiss-Möglichkeiten zu ergreifen, um sich eine stabile Mehrheit zu schaffen. So wird er vom ersten Tag an gegen die Niederlage zu kämpfen haben", das war die gängige Meinung der Fachleute.

Demographische Umfragen ergaben aber, dass die Mehrheit der Bevölkerung Franks Entscheidung guthieß. „Wir wollen keine faulen Kompromisse", sagten viele der Befragten. Und eine der kleinen Parteien verkündete, sie werde zwar in Opposition zur Regierung stehen, aber Frank Welzin als Regierungschef mitwählen, damit das Land rasch eine funktionsfähige Regierung erhalte.

15

Natürlich achtete ich in all den Jahren, seit Frank das Verhältnis zu meiner Schwester abgebrochen hatte, auch darauf, was über seine Beziehung zu Frauen in den Medien zu finden war. Seine Ehe mit der Tochter des Finanzministers und seine Scheidung waren nicht weiter kommentiert worden, da war er selbst noch zu wenig bekannt. Aber nach seiner überraschenden Wahl zum Parteivorsitzenden bemerkte ich, wie sich einige der Blätter und Blättchen am Boulevard Mühe gaben, dem Aufsteiger Frauengeschichten anzuhängen. Da sollte es eine Affäre mit einer Sekretärin des Parteivorstands gegeben haben, eine Beziehung zu einer jungen Abgeordneten seiner Partei, zu einer Schauspielerin vom Staatstheater, und, der Gipfel der Kaffeesatzleserei, ein festes Verhältnis mit einer Popsängerin. Aber über eine Eintagssensation kamen diese Geschichten nie hinaus. Frank ließ sich nicht dazu verleiten, sich mit Dementis selbst dazu zu äußern, und die Partnerinnen, die man ihm andichtete, lachten nur, wenn sie von Reportern angesprochen wurden. Die Gerüchte verliefen sich so rasch wie sie aufgekommen waren.
Entweder also, schloss ich, lebte Frank wirklich allein. Seine rastlose Tätigkeit würde auch kaum Zeit für eine Partnerin oder gar eine Familie lassen. Oder er versteckte sein Privatleben so gut, dass nicht einmal die Paparazzi von der Regenbogenpresse dahinter kamen.
Ganz anders empfand ich, als ich das Foto mit Katja sah. Das mochte bedeuten, was es wollte, diese Sache ging mich etwas an. Hier konnte ich mich nicht damit beru-

higen, dass das nur eine Eintagsaffäre oder gar eine Erfindung der Medien sein könnte. Ich konnte doch meine kleine Schwester nicht diesem unsicheren Kantonisten überlassen!

Ich rief sie an. Sie war in einem Ministerium der Hauptstadt untergekommen und rasch zur Sachbearbeiterin aufgestiegen. Erst am dritten Abend erreichte ich sie in ihrer Wohnung. Ich redete nicht lange um die Sache herum: „Hast du eine Geschichte mit Frank?“ „Ich glaube, das geht dich nichts an. Ich bin erwachsen und weiß, was ich tue.“ „Du kennst Frank nicht gut genug. Ich fürchte, du lässt dich in etwas hineinziehen, das dich sehr verletzen wird.“ „Entschuldige, aber inzwischen kenne ich Frank besser als du. Ich habe jetzt manchmal dienstlich mit ihm zu tun, und ich habe ihn all die Jahre nie aus den Augen verloren.“ „Ich doch auch nicht. Aber du kennst ihn nur von einer bestimmten Seite.“ „Du doch auch“, unterbrach sie mich.

So würde ich nicht weiterkommen. Sie hatte ja Recht, sie war 35, da war sie nicht mehr meine kleine Schwester. Aber dennoch hatte ich Angst um sie. Wie konnte ich ihr das klar machen?

Auch sie schien sich besonnen zu haben. „Ich verstehe ja, dass du an mich denkst. Ich frage mich auch oft, ob du immer noch allein lebst.“ „Ja, das tut doch aber nichts zur Sache.“ „Sicher nicht. Ich will nur sagen, ich finde es nett von dir, dass du dir Gedanken um mich machst. Aber glaube mir, es gibt keinen Grund.“ „Du bist also nicht mit Frank zusammen?“ Sie lachte. „Nein, das bin ich nicht, auch wenn ich ihn tatsächlich in letzter Zeit öfter gesehen habe. Und erst letzte Woche hat er mir einen Ring geschenkt, wenn du verstehst, was das bedeutet." Ich schluckte. Also doch! „Du willst ihn heiraten?" „Er will mich heiraten", sie zögerte, „ja doch", sagte sie, „ich will es auch." Und nach einer Weile fügte sie hinzu: „Aber du kannst beruhigt sein, ich lebe immer noch in meiner eigenen Wohnung und sehe ihn nur, wenn er ausnahmsweise mal einen Abend frei hat. Er will, sagt er, mich auf alle Fälle aus den Bunten Blättern heraushalten."

Da hatten wir es. Sie war also doch auf ihn hereingefallen. Aber was sollte ich tun, um sie davor zu schützen? Jedenfalls, das war mir klar, jetzt durfte ich nicht weiter darüber reden, das würde die Sache nur verschlimmern. Deshalb lenkte ich erst einmal vom Thema ab und erzählte ihr, dass ich kürzlich eine nette junge Frau kennen gelernt hätte. Wir gingen ab und zu ins Theater, mehr sei noch nicht passiert, aber es könne durchaus sein, dass sich da etwas entwickle. „Jetzt weißt du, wie es um mich steht." „Und umgekehrt." Damit beendeten wir das Gespräch.

Eigentlich wollte ich mit niemandem darüber reden. Meine Eltern waren schon recht alt, nicht eigentlich dement, sie kamen noch ganz gut im Leben zurecht, aber ob sie sich von einer Heirat ihrer Tochter mit dem Regierungschef die richtige Vorstellung machen könnten, bezweifelte ich doch. Und darum fand ich es besser, sie nicht damit zu beunruhigen.

Als ich Simon das nächste Mal traf, konnte ich nicht an mich halten. Er hörte sich die Sache ruhig an, dann sagte er: „Was mich wirklich wundert: Welzin verlobt sich, und die Presse weiß nichts davon. Er hat es also geschafft, sein Privatleben ganz aus der Öffentlichkeit herauszuhalten. Das spricht für ihn und, auch wenn du es vielleicht nicht hören willst, dafür, dass er eine Ehe und Familie vor der Neugier seiner Mitmenschen schützen kann. Dafür hat er ganz einfach unsere Hochachtung verdient."

„Du vergisst das Bild, das du mir neulich gezeigt hast", warf ich ein. „Aber das ist doch schon sechs Wochenvor her, und seither ist nichts nachgekommen." Simon hatte Recht, aber ich wollte noch nicht aufgeben: „Warum verteidigst du Frank immer? Denkst du nicht mehr an das, was er dir angetan hat?" Simon lachte. „Das ist doch schon so lange her, das tut nicht mehr weh. Und ich gebe zu, ich bewundere ihn. Er hat auf seinem schwierigen und steilen Weg nach oben bis jetzt offenbar keinen Fehler gemacht. Das kann man nicht von vielen sagen."

„Aber du weißt doch auch, dass er das alles nur getan hat und tut, um ganz nach oben zu kommen und dort zu bleiben. Mag er also noch so richtig und meinetwegen gut handeln, das alles steht doch hinter einem negativen Vorzeichen."

Simon sah mich an und dachte nach. „Du denkst ein bisschen zu mathematisch", sagte er. „Wenn du vor einen positiven Ausdruck ein Minus setzt, wird der ganze Ausdruck negativ. Nach dieser Theorie wäre es also besser, Frank würde schlecht handeln, Leute belügen, sich bereichern, um seinen Platz kungeln. Und dann setzt du ein Minus davor für seine egoistischen Absichten, und all die negativen Ausdrücke werden positiv." Ich wollte protestieren, so meinte ich das doch gar nicht, aber er sprach weiter: „Ich finde gut, was Frank tut. Seine Motive sind seine Sache. Die kenne ich ja ohnehin nicht wirklich."

Irgendwie hatte er wohl Recht. Aber so schnell wollte ich mich nicht geschlagen geben. „Und was würdest du sagen, wenn deine Schwester ihn heiraten wollte?" Simon lachte. „Ich habe keine, wie du weißt, aber wenn ich eine hätte, dann würde ich ihr zutrauen, dass sie schon das Richtige für sich entscheidet."

16

Ich erhielt einen Brief meiner Schwester. Ihre Trauung werde in der kommenden Woche im Standesamt in Nieder-Eichen im Rosswald stattfinden. Der Standesbeamte dort habe versprochen, niemandem davon zu erzählen. Ich möge das bitte auch für mich behalten. Selbst den Eltern sollte ich nichts sagen, denn sie würden sicherlich nicht darüber schweigen können. Sie würden es rechtzeitig erfahren. Aber mich bäten sie selbst und Frank, als Trauzeuge an der kleinen Feier teilzunehmen. Die andere Trauzeugin werde Anke, Franks Schwester, sein.

Der Brief stürzte mich in einige Verwirrung. Ich konnte und wollte nicht glauben, dass Katja in einer Ehe mit Frank glücklich werden würde. Und auch, wenn die Heirat tatsächlich geheim bliebe, sie werde gerade wegen ihrer Heimlichkeit am Ende einen großen Wirbel verursachen, in dem ich mir meine kleine Schwester nicht vorstellen wollte. Und ich sollte als Trauzeuge an ihrem Unglück mitwirken? Und dann mich auch noch der peinlichen Begegnung mit meiner Jugendliebe aussetzen?

Andererseits empfand ich es als Vertrauensbeweis, dass meine Schwester mich eingeweiht und eingeladen und dass Frank offensichtlich nichts dagegen gehabt hatte. Ich wiegte mich in dem unbestimmten Gefühl, dass ich durch meine Anwesenheit vielleicht doch an einem glücklichen Ausgang dieses Abenteuers mitwirken, als guter Geist über dem Start in diese ungewöhnliche Verbindung schweben könne. Bis mein Verstand wieder die

Oberhand bekam und mir klarmachte, dass es völlig gleichgültig sei, wer seine Unterschrift unter das Ehedokument setzte.
Also beschloss ich, die Einladung auszuschlagen. Ich schützte eine wichtige Geschäftsreise ins Ausland vor, die ich nur absagen könne, wenn ich die wahre Ursache dafür angäbe, und das habe sie ja ausdrücklich ausgeschlossen. Ich wollte ihr den wirklichen Grund für meine Absage nicht nennen. Wenn sie schon unglücklich werden würde, dann wollte ich nicht auch noch zu ihrem Unglück beitragen. Ich wünschte ihr alles erdenklich Gute für diesen neuen Abschnitt ihres Lebens. „Ich werde mit meinen Gedanken immer bei dir sein, nicht nur am Tag der Eheschließung, und ich werde mich immer freuen, dich glücklich wiederzusehen." Frank erwähnte ich in diesem Brief nicht.
Ich nahm ein paar Tage frei und flog zu einem Kurzurlaub nach Florenz. Nach meiner Rückkehr fand ich einen Brief von Katja, in dem sie mir ganz unbefangen für die guten Wünsche dankte, auch im Namen von Frank, und bedauerte, dass ich an ihrer Feier nicht teilnehmen konnte. Sie seien nur zu viert gewesen, der zweite Trauzeuge war Franks Chauffeur, eine treue und unbedingt zuverlässige Seele. Gegen meinen Willen musste ich schmunzeln. Wie weit hatte es Karl Eichwanger doch gebracht! Ich könne sie immer besuchen, zu diesem Zweck teilte sie mir ihre geheime Telefonnummer mit. Und sie werde demnächst einen Besuch bei den Eltern machen und sie in das Geheimnis ihrer Ehe einweihen.

Natürlich blieb es nicht bei diesem Geheimnis. Aber auch da hatte Frank umsichtig vorgesorgt. Ein paar Tage nach der Hochzeit gab das Amt des Regierungschefs eine kurze offizielle Mitteilung über die Eheschließung heraus. Für zwei Wochen überschlug sich der Boulevard mit Vermutungen und Enthüllungen, die keine waren, dann trocknete das Thema aus, weil einfach nichts zu finden war, das es am Leben halten konnte.

17

Ein paar Wochen nach der Hochzeit sah ich meine Schwester im Fernsehen. Der Ministerpräsident machte einen Staatsbesuch in einem benachbarten Land, und bei solchen Gelegenheiten pflegt es ein Damenprogramm zu geben. Katja schritt hinter ihrem Mann die Treppe vom Flugzeug herunter, wurde von der Gattin des gastgebenden Regierungschefs begrüßt und dann den Damen und Herren vom Empfangskomitee vorgestellt.

Ich hatte Mühe, meine kleine Schwester zu erkennen. Sie wirkte größer, bewegte sich natürlich in der ihr fremden Umgebung, lächelte zielsicher in die Kameras, und später, mit ihrer Gastgeberin, besuchte sie einen Kindergarten, plauderte mit den Kindern, durchschritt eine Kunstausstellung und betrachtete die ausgestellten Kunstwerke, als ob sie etwas davon verstünde. Halt, sagte ich mir, sei nicht so herablassend, vielleicht versteht sie ja wirklich etwas davon. Und dann, beim großen Galadiner, saß sie neben dem König des Gastlandes, unterhielt sich unbefangen mit seiner Majestät und lachte fröhlich, aber durchaus stilvoll, als er ihr wohl etwas Lustiges erzählt hatte.

Selbst den Reportern des Fernsehsenders fiel das auf, und sie kommentierten ein paar Mal, welch ein Gewinn für die Repräsentanz unseres Landes doch die junge Gattin des Regierungschefs sei. Tatsächlich, obwohl sie doch gar nicht so viel jünger war als Frank, konnte man denken, er habe sich da ein ganz junges Blut angelacht.

Von da an tauchte Katja nicht oft, aber regelmäßig in den Nachrichtensendungen auf. Sie besuchte ein Krankenhaus, war bei der Eröffnung einer bedeutsamen Kunstausstellung zugegen, saß in der ersten Reihe bei dem Konzert eines ausländischen Sinfonieorchesters, empfing die Gewinner eines Schülerwettbewerbs, plauderte mit einer alten Dame anlässlich ihres 105. Geburtstages, und was dergleichen Anlässe mehr sind. Man sah sie immer nur kurz, es waren ja auch keine besonders wichtigen Ereignisse, aber sie gehörte ganz offensichtlich jetzt zu der Gesellschaftsschicht, die unser Land repräsentiert. Einmal, das war bei dem Schülerempfang, schien es mir einen Augenblick, als sei sie schwanger, aber sie war nur kurz von der Seite zu sehen, und ihre Kleidung verdeckte, was es etwa zu verdecken gab. Nun ja, sie war Ende dreißig, aber das ist ja heute kein Alter für eine Frau, die noch ein Kind haben will. Trotzdem machte ich mir ein wenig Sorgen um sie, denn man hatte ja schon öfter gehört, dass Erstentbindungen in diesem Alter nicht ohne Gefahren sind.
Ich hatte das beinahe vergessen, als ich in meiner Zeitung eine Notiz fand, die Frau des Ministerpräsidenten sei mit einer gesunden Tochter niedergekommen. Zwei Tage später lag auch eine gedruckte Anzeige in meinem Briefkasten, und Katja hatte einen kurzen Gruß von Hand dazu geschrieben. Es gehe ihr gut, stand da, und sie habe mit Hilfe eines tüchtigen Arztes die Entbindung ohne Schaden überstanden. Das freute mich zwar, aber es klang doch nicht gerade nach einer problemlosen Schwangerschaft.

Ich rief sie an. Eine fremde Stimme meldete sich, doch dann hörte ich Katja selbst. Ja doch, gab sie zu, die letzten Wochen seien nicht einfach gewesen, aber jetzt habe sie alles überstanden und freue sich an dem gesunden Kind. Sie müsse sich noch schonen, deshalb sei eine Krankenschwester ständig bei ihr, aber sie hoffe, in ein oder zwei Wochen wieder ganz auf den Beinen zu sein. Ich bat sie, mich immer mal wieder anzurufen, und sie versprach es.
Tatsächlich waren es am Ende sechs Wochen, aber dann sagte sie mir, dass sie sich wieder vollständig erholt habe und das Kind ohne fremde Hilfe versorgen könne. Sie hatte mich immer wieder angerufen, und sie war offensichtlich bemüht, mich zu beruhigen.
In diesen Wochen starb unser Vater, und kurz darauf auch die Mutter. Wir trafen uns bei den Beerdigungen. Katja sah verändert aus, nicht mehr so jugendlich, aber sie hatte eine neue Attraktivität gewonnen, die man mütterlich nennen könnte. Unsere Eltern hatten ein hohes Alter erreicht und waren beide friedlich eingeschlafen. In früheren Zeiten wäre ich als Ältester jetzt das Familienoberhaupt gewesen, aber so fühlte ich mich nicht, schon gar nicht gegenüber den Zwillingen, die jedes Mal mit ihren großen Familien um die Gräber gestanden hatten, aber auch nicht mehr im Verhältnis zu Katja, die ganz sichtbar ihre eigene Stellung in der Welt gefunden hatte und sie ausfüllte.
Frank hatte sich bei beiden Beerdigungen entschuldigt. Einmal empfing er einen ausländischen Gast zu wichtigen Gesprächen, das andere Mal fand eine entscheidende Abstimmung im Parlament statt, und da durfte nie-

mand fehlen. Die Minderheitsregierung stand noch immer, und eine der kleinen Fraktionen hatte sich bereit erklärt, bei wichtigen Entscheidungen Stimmenthaltung zu üben, damit das Land nicht unregierbar würde.

18

Minderheitsregierungen waren in unserem Land noch nicht vorgekommen, und es dauerte eine Weile, bis sich die Öffentlichkeit und die Presse daran gewöhnt hatten, dass bei jeder Entscheidung immer eine Mehrheit gesucht werden musste. Aber das klappte ganz gut, und allmählich machte man sich mit dem Gedanken vertraut, dass dieser Zustand wohl bis zur nächsten allgemeinen Wahl anhalten werde.

Deshalb waren alle überrascht, als sich herausstellte, dass Frank für seinen Haushaltsplan, es war sein zweiter, keine Mehrheit finden würde. Kommentatoren in den großen Zeitungen hatten das Zahlenwerk analysiert und herausgefunden, dass es einige Posten enthielt, die auch für die kleinen Oppositionsparteien nicht annehmbar sein würden. Man konnte sich vorstellen, dass einige Abgeordnete aus diesen Parteien der Abstimmung fernbleiben würden, sodass der Haushalt mit einer knappen relativen Mehrheit beschlossen werden könnte. Aber dann machte die Regierung diese Spekulationen zunichte, als Frank mit der Abstimmung über den Etat die Vertrauensfrage verband. Und zu allem Überfluss kündigte er an, dass er und seine Minister bei der Abstimmung sich der Stimme enthalten würden. „Wir können uns ja nicht gut selbst das Vertrauen aussprechen“, sagte er. Damit war klar, dass die Abstimmung scheitern würde, denn sogar, wenn ein paar Hinterbänkler, die eine Neuwahl fürchten mussten, in der geheimen Abstimmung für die Regierung stimmen sollten, würde das keine Mehrheit ergeben.

Es war offensichtlich: Frank wollte Neuwahlen. Simon Bernauer hatte das von Anfang an vorausgesagt. „Er wird eine Weile durchhalten und sich im Bewusstsein der Bevölkerung als Regierungschef festsetzen, dann wird er irgendeine Abstimmung scheitern lassen und in der folgenden Wahl die absolute Mehrheit gewinnen." Das klang logisch, aber konnte sich Frank einer solchen Entwicklung wirklich sicher sein? Warum hatte er nicht doch mit einer der kleinen Parteien, die ihm politisch gar nicht so fern standen, eine Koalition gebildet? „Weil es dann unweigerlich zu Streitereien gekommen wäre, wie bei allen Koalitionsregierungen der letzten Zeit. Und der Unwille über diesen Streit hätte Franks Beliebtheit beschädigt. Jetzt aber steht er da wie der aufrechte Recke, der keine faulen Kompromisse eingeht und dafür lieber scheitert. Der Wähler wird sich verpflichtet fühlen, ihn jetzt nicht im Stich zu lassen." Simons Logik war unwidersprechlich, und tatsächlich hatte er bis hierher Recht behalten. Aber würde seine Prognose auch für das Wahlergebnis gelten?

Frank hielt sich im Wahlkampf zurück. Er wollte nicht den Eindruck erwecken, als habe er es nötig, um den Sieg zu kämpfen. Dafür warfen sich seine Leute in die Schlacht. Es kam zu zahlreichen Veranstaltungen, großen Anzeigen in allen Zeitungen, an den Wochenenden waren auf den Märkten und an den Freizeitorten die dunkelblauen Stände seiner Partei aufgebaut, und seine Parteifreunde verteilten Broschüren und kleine Geschenke. Der ganze Wahlkampf war auf ein Motto abgestellt: „Wir bitten Sie um Ihr Vertrauen und Ihre Stimme für Frank Welzin", und dann, in kleinerer

Schrift einige der Ziele, die er vorgab: „… damit unsere Hochschulen wieder zum Mittelpunkt wissenschaftlichen Fortschritts werden“, „… damit Sie sich auf allen Straßen sicher bewegen können“, „… damit Ihre Gesundheit in den Händen gut ausgebildeter Ärzte bleibt“, und so weiter.

Erst in den letzten zehn Tagen reiste er selbst in einige der Zentren des Landes und sprach in großen Sälen oder auf weiten Plätzen. Es kamen ungeheure Zuhörermassen zusammen. Eine Zeitung schätzte, dass er in den insgesamt 16 Großveranstaltungen gut eine Million Menschen angesprochen habe. Er überließ die Eröffnung und den Schluss dem oder den lokalen Kandidaten. Manchmal sprach auch noch einer seiner Minister zu einem Sachthema. Dann kam er mit seiner kurzen und einprägsamen Rede, die sich übrigens nur wenig von der Rede unterschied, die er seinerzeit als Führer der Opposition gehalten hatte. Er versprach nichts, wies auch nur knapp auf die Ergebnisse seiner bisherigen Regierungspolitik hin, nannte einige der drängenden Probleme und zeigte, dass es möglich sein werde, sie zu lösen, auch wenn es nicht ohne Opfer und unbequeme Einschnitte abgehen werde.

Ich fuhr einmal zu einer solchen Kundgebung in die benachbarte Großstadt. Ich wollte nicht, dass er mich sieht und setzte mich weit hinten im Saal unter eine Gruppe älterer Männer. Aber während seiner ganzen Rede hatte ich den Eindruck, er sehe mich an und spreche ausschließlich zu mir. Das schien allen so zu gehen, denn solange er redete war es unglaublich still. Nicht einmal an den wirkungsvollsten Stellen gab es Beifall.

Der brach dann allerdings umso heftiger aus, als Frank seine Rede beendet hatte. Er zog wie ein Triumphator durch den Mittelgang ab, schüttelte rechts und links Hände, signierte auch einige der Postkarten mit seinem Foto, die reichlich verteilt worden waren. Erst als er den Saal verlassen hatte, wurde es wieder ruhiger, und einer der Kandidaten aus der Stadt kam zu seinem Schlusswort.

Schon während des kurzen Wahlkampfes hatte man das deutliche Gefühl, Frank werde sein Ziel erreichen und die Mehrheit der Sitze im Parlament gewinnen. Auch die Prognosen der Meinungsforscher deuteten in diese Richtung. Aber niemand hatte vorausgesagt, dass Franks Partei auf beinahe 55 % der Wählerstimmen kommen würde. Es hätte nicht viel gefehlt, und er hätte eine Zweidrittelmehrheit der Sitze hinter sich gehabt.

Frank hatte es geschafft. Mit noch nicht einmal fünfzig Jahren stand er auf einem einsamen Gipfel der Macht. Höher konnte er nicht mehr steigen.

19

Damit hatte die Geschichte von Frank Welzin für mich ihren Höhepunkt erreicht, und sie interessierte mich eigentlich nicht mehr. Sicher, da war noch meine Schwester, aber wenn ich sie oder sie mich anrief, dann erzählten wir uns, wie es uns ging,, oder wir unterhielten uns über unsere Kinder. Ich fragte nie nach Frank. Sie schien zu spüren, dass ich darüber nicht sprechen wollte, und vermied das Thema. Simon Bernauer hatte sich habilitiert und war Professor an einer australischen Universität geworden. Damit fehlte mir der Gesprächspartner, der vielleicht mein Interesse an der Politik von Frank wach gehalten hätte. Ich hatte eine Kollegin aus der Firma geheiratet und war mit 45 Jahren noch Vater geworden. Mein Leben verlief in geordneten bürgerlichen Bahnen, und beinahe hatte ich das Gefühl, dass das auch für meine Schwester galt.
Bei der nächsten Parlamentswahl verlor Franks Partei ein paar Prozentpunkte. Das war für eine Regierungspartei eigentlich normal. Die absolute Mehrheit der Parlamentssitze blieb erhalten. Ein paar Monate nach seiner Wiederwahl zum Regierungschef erhielt ich einen Brief meiner Schwester, in der auch ein handgeschriebener kurzer Brief ihres Mannes lag.

„Lieber … ,

wir werden beide in einigen Wochen 50 Jahre alt. Wir haben unsere Geburtstage früher immer zusammen gefeiert. Ich lade dich ein, das an diesem besonderen Tag wieder zu tun. Wir können mit unseren Familien unter

uns sein. Ich habe für diesen Anlass ein einsam gelegenes bescheidenes Gasthaus nahe .... gemietet. Die offiziellen Feiern, die ich über mich ergehen lassen muss, werden dann vorbei sein. Unser Leben mündet mit diesem Tag ohne Zweifel in seine zweite Hälfte. Darum würde es mich freuen, wenn wir diesen bedeutsamen Schritt, wie unsere früheren, gemeinsam gehen könnten.
Ich rechne mit deiner Zusage und grüße dich in alter Freundschaft,

dein Frank."

Die Herzlichkeit dieses Schreibens berührte mich. Ich wollte schon zum Telefon greifen und meiner Schwester sagen, dass ich Franks Einladung annähme, da erinnerte ich mich, ich hatte mir fest vorgenommen, mich nicht vor seinen Wagen spannen zu lassen. Zwar hatte er meine Schwester doch noch geheiratet, und da sie ihn immer geliebt hatte, konnte ich ihr nicht verdenken, dass sie ihm verziehen hatte. Aber ich hatte die Beleidigung, die er ihr angetan hatte, als er sie aus durchsichtigen Gründen für eine andere sitzen ließ, nicht vergessen, und er hatte mich damit genau so getroffen wie sie. Nein, mochte er mir noch so schmeicheln, das Tischtuch war und blieb zerschnitten.
Ich schrieb ihm einen sehr einfachen und klaren Brief, ohne Schärfen, begründete meine Absage und wünschte ihm eine schöne Feier. Ein paar Tage später traf ich Katja in meiner Wohnung, als ich von der Arbeit kam. Sie saß mit meiner Frau bei einer Tasse Tee. Ich konnte

meine Überraschung kaum verbergen, und da schwang auch Sorge mit. War sie hier, weil sie Probleme hatte? Aber bald stellte sich heraus, dass Frank sie geschickt hatte, um seine Einladung eindringlich zu wiederholen. „Dass er jetzt fünfzig wird, also mit Sicherheit die längere Hälfte seines Lebens hinter sich hat, beschäftigt ihn sehr. Ich habe alles erreicht, was ich erreichen wollte, sagt er, aber was nun? Kann man auf einem solchen Gipfel ausruhen? Wird man unweigerlich eines Tages absteigen müssen? Du kennst seine eiserne Gesundheit. Aber in letzter Zeit hatte er öfter mit Schlaflosigkeit und tagsüber mit Ermattung zu tun. Der Arzt kann nichts finden. Ich bin sicher, dass ihn seine Fragen krank machen." Das mochte ja so sein, aber was ging es mich an? „Dann soll er eben zum Psychiater gehen oder sich einem seiner zahlreichen Berater anvertrauen", sagte ich. „Ich sehe nicht, wie ich ihm da helfen kann."

Katja sah mich an. Jetzt war sie auf einmal wieder meine kleine Schwester, die manchmal, wenn sie mit irgendetwas nicht fertig wurde, zu mir geflüchtet war. Ich konnte ihr nicht immer helfen, aber allein die Tatsache, dass sie zu mir kommen konnte, schien sie zu beruhigen. Inzwischen hatte sie gelernt, selber mit dem Leben fertig zu werden, und sie brauchte meine Hilfe nicht mehr. Das tat mir manchmal leid, aber ich sagte mir, dass das der Lauf der Welt sei. Es wäre nicht gut, wenn sie immer noch von mir abhinge. Aber jetzt hatte sie wieder diesen Blick, den ich viele Jahre nicht gesehen hatte. Du bist mein großer Bruder, du musst mir helfen, du kannst mich nicht einfach allein lassen.

Ich wehrte mich noch einen Augenblick, aber ich wusste, dass sie gewonnen hatte. Schließlich gab ich nach: „Also gut“, sagte ich, „ich komme. Aber Frank soll nicht zu viel von mir erwarten. Ich habe seine Probleme nicht und weiß auch nicht, wie ich sie lösen soll.“ Aber Katja ließ nichts mehr gelten. Sie fiel mir um den Hals und gab mir einen herzhaften Kuss. „Ich wusste, dass du uns nicht im Stich lässt.“

Sie wollte gleich wieder fahren. Ich begleitete sie noch auf die Straße. Da stand ihr unauffälliger Golf mit Chauffeur und Leibwächter. Sie stieg ein, und sie fuhren ab. Ich aber suchte in einem Schubfach meines Schreibtisches, und ganz hinten fand ich ein altes Schulheft. Das würde ich Frank mitnehmen.

20

Frank hatte sich tatsächlich mit seiner kleinen Familie unbemerkt in ein Gasthaus in den Wäldern eines Mittelgebirges abgesetzt. Nur eine Sekretärin und zwei Personenschützer hatte er mitgenommen. Ich hatte etwas Mühe, den abgelegenen Ort zu finden, aber schließlich führte mich mein Navi, zuletzt über Stock und Stein, vor das Haus. Frank und Katja waren schon da und begrüßten uns herzlich. Ihre sechsjährige Tochter interessierte sich lebhaft für unseren fünfjährigen Sohn. Die beiden Kinder spielten vergnügt unter der Aufsicht der Sekretärin, sodass wir nach dem Mittagessen und einer kurzen Ruhepause zu viert in dem geräumigen Nebenzimmer zusammen saßen.

„Wir haben uns lange nicht gesehen“, begann Frank das Gespräch. „Über euer Ergehen weiß ich das Wichtigste von Katja. Ich bin froh, dass du sie immer auf dem Laufenden gehalten hast. Ich sehe, dass es dir gut geht und du glücklich bist. Das freut mich. Auch wenn du mich seit Jahren gemieden hast, habe ich oft an dich und unsere gemeinsame Kindheit gedacht. Ohne dich wäre ich nicht so weit gekommen.“ Ich wollte abwinken, aber er sagte: „Lass es einfach mal gut sein. Natürlich spielt immer vieles zusammen, wenn man den Versuch macht, ein Fazit zu ziehen. Aber ohne deinen Faden wäre der Teppich meines Lebens ein anderer geworden.“ Er schwieg.

„Über dich informiert zu sein war nicht schwierig“, sagte ich nun meinerseits. „Die Medien waren und sind voll von dir, deinen Entscheidungen, Erfolgen, deinen

Freunden und Gegnern, deinen Plänen. Aber wie es wirklich in dir aussieht, das steht nicht in den Zeitungen, und ich habe, um ehrlich zu sein, es auch nie gewagt, Katja danach zu fragen." Nach einer Weile sagte Frank: „Und wenn du mich jetzt fragtest, wie ich zu all den Dingen stehe, die ich getan habe und täglich tue, dann müsste ich dir antworten, dass ich das selbst auch nicht so genau weiß. Aber ich weiß, dass ich es wissen sollte. Und deshalb habe ich dich eingeladen, denn ich will an diesem unserem besonderen Geburtstag herausfinden, wer ich wirklich bin und was ich noch sein kann."

Die Kinder unterbrachen uns, denn unser Kleiner hatte auf der Wiese ein leeres Schneckenhaus gefunden und musste es unbedingt zeigen, und auch das Mädchen hatte der Mutter etwas zu erzählen. Die Sekretärin stand verlegen lächelnd in der Tür.

Erst am Abend nahmen wir das Gespräch wieder auf. Katja lud meine Frau, nachdem die Kinder im Bett waren, zu einem Abendspaziergang ein, und sie kamen nachher auch nicht mehr in unsere Lounge. Wir saßen eine Weile und nippten an dem Wein, den Frank bestellt hatte. Schließlich fing er an: „Ich wollte mit dir sprechen, denn ich bin an einem Punkt in meinem Leben angelangt, an dem ich nicht mehr weiß, wie es weiter gehen soll. Das ist mir noch nie passiert, ich hatte immer nur ein Ziel: Hinauf. Das ging ganz planmäßig Schritt für Schritt: Parteivorsitz, Regierungschef, Absolute Mehrheit. Ich bin ganz oben angelangt. Aber was jetzt?" Ich lachte. „Da weiß ich schon noch etwas: Staatspräsident, Präsident der Kommission der Europäischen Union, UNO-Generalsekretär." Frank winkte ab. „Die haben doch keine wirkliche Macht, sondern sind nur ausführende Organe anderer. Die mögen, wie der Präsident, protokollarisch höher stehen, aber in Wirklichkeit haben sie nicht viel zu melden." Er machte eine Pause. „Natürlich gibt es noch mächtigere Positionen, aber die kann ich nicht erreichen: russischer Präsident, amerikanischer Präsident, chinesischer Parteichef."

Ich dachte nach. „Reicht dir denn die Macht nicht, die du hast? Du kannst doch hier im Land so ziemlich alles machen, was du willst, und alle werden dir folgen."

„Das mag schon sein, aber noch habe ich nicht gelernt, auf einem erreichten Stand zu bleiben, ohne mich für den nächsten vorzubereiten. Natürlich weiß ich selbst, welche Antwort ich mir geben muss. Ich muss die Richtung ändern, nicht mehr hinauf, denn da gibt es nichts mehr, aber wohin? Hinab wird es sicher auch irgendwann gehen, aber dafür ist es mir noch zu früh."

Ich griff in meine Jackentasche und zog das alte Schulheft heraus, das ich mir eingesteckt hatte. „Ich weiß. Wiedervorlage am 50. Geburtstag. Toll, dass du daran gedacht hast." Er nahm mir das Heft aus der Hand und blätterte langsam darin, las hier und da einen Satz, überschlug dann ein paar Seiten und las weiter. „Ja", sagte er, „damals glaubte ich noch zu wissen, was ich bewirken müsste, wenn ich die Macht dazu hätte. Aber jetzt weiß ich, dass das alles nicht so einfach ist, wie es sich in ein Schulheft schreibt." Er klappte das Heft zu und legte es auf das Tischchen neben die Weinflasche.

Er schwieg lange. „Ich bin tatsächlich mächtiger als alle meine Vorgänger. Die absolute Mehrheit für eine Partei hat es immerhin schon einmal gegeben, aber damals war der Vorsitzende und Regierungschef umstritten, und er konnte sich der Gefolgschaft seiner Fraktion durchaus nicht immer sicher sein. Das ist heute anders, meine Fraktion folgt mir, ich möchte fast sagen, blind, obwohl ich das gar nicht gut finde. Ein wenig konstruktive Kritik würde ich mir manchmal wünschen. Dass ich so unangefochten bin, habe ich damit bezahlt, dass ich mich auf einer mittleren Linie bewege und nichts in Angriff nehme, was umstritten sein könnte. Wenn ich etwas erreichen wollte, was nicht dem mittleren Konsens entspricht, würde auch meine Fraktion mir die Gefolgschaft kündigen, und mit meiner Popularität wäre es schnell vorbei."

Ich hatte ihm aufmerksam zugehört. „Du hast also die Wahl. Entweder du setzt deine mittlere Linie fort, dann bleibt dir dein Platz an der Spitze erhalten, jedenfalls für absehbare Zeit. Du wolltest mit mir sprechen, sagtest du, weil du dich mit diesem Stillstand nicht abfinden kannst. Also bleibt die andere Alternative: Such dir ein Thema, das du für wichtig hältst, das aber umstritten ist, und versuche es durchzusetzen. Wenn es dir gelingt, hast du etwas erreicht, auf das du wirklich stolz sein kannst. Wenn es dir misslingt, wirst du den Platz an der Spitze verlassen, also eine neue Richtung deines Lebens einschlagen. Das könnte wie Abstieg aussehen, muss es aber nicht sein, wenn du, auch im Scheitern, einen Prozess in Gang setzt, der dich überlebt. Ich meine nicht nur, der weitergehen wird, wenn du von der politischen Bühne abgetreten oder wenn du gestorben bist, sondern der größer ist als du selbst und das, was du unmittelbar schaffen kannst."

Frank lachte. „Du bist ja ein richtiger Philosoph geworden. Natürlich hast du Recht. Nur weiß ich noch nicht, ob ich den Risiken, die ich eingehe, wenn ich deinem Rat folge, wirklich gewachsen bin, das heißt, ich weiß nicht, ob ich es aushalten könnte zu scheitern."

Frank nahm einen guten Schluck von seinem Wein und goss sich und mir nach. Dann wechselte er abrupt das Thema und erzählte mir von einem Staatsbesuch in der Mongolei, der ihn stark beeindruckt hatte.

21

Nach dem Frühstück am andern Morgen lud mich Frank zu einem Waldspaziergang ein. Der Himmel war bedeckt, aber es regnete nicht. Der Personenschützer hielt sich in respektvollem Abstand. „Man kann in diesen Wäldern stundenlang wandern, ohne auf ein Haus oder einen Menschen zu treffen. Ich bin schon ein paar Mal hier gewesen, wenn ich mich entspannen wollte."
Dann nahm er den Faden unseres Gesprächs wieder auf. „Du meinst also, ich sollte etwas tun, was ich für richtig und notwendig halte, was aber in meiner Partei und der Öffentlichkeit umstritten ist. Also meine Macht einsetzen, nicht um sie zu erhalten oder wo möglich auszubauen, sondern um etwas Sinnvolles zu erreichen." Ich nickte. „Das etwa habe ich gemeint."
„Solche Themen gibt es genug, eines beschäftigt mich besonders, und ich schlage mich schon einige Zeit mit dem Gedanken herum, dazu etwas in die Wege zu leiten". Er machte eine Pause. „Wir alle wissen, dass die Zeit des herkömmlichen Verbrennungsmotors zu Ende geht. Wir können es uns nicht leisten, lebenswichtige Rohstoffe zu verbrennen, und wir dürfen nicht länger die Luft in unseren Städten vergiften. Die Elektromobilität ist ökologisch umstritten, weil man Batterien nicht umweltfreundlich herstellen kann. Also bleibt die Brennstoffzelle, der Wasserstoffmotor. Wenn wir den Strom, mit dem wir Wasserstoff herstellen, nur noch aus regenerativen Energien gewinnen, ist die Ökobilanz ausgeglichen." Das musste mir Frank nicht erklären, ich bin Chemiker und mir ist das klar. „Aber auch da bleibt

ein Problem. Wir verbrauchen immer mehr Land für den Bau von Straßen und Stellplätzen. Damit nehmen wir es aus dem ökologischen Kreislauf heraus. Wir zerstören die Welt, die wir zum Leben brauchen".

Ich nickte. „Und was willst du dagegen tun?" „Wir brauchen einen neuen Begriff von Mobilität", sagte er. „Bis jetzt verstehen wir ihn materiell. Mobil ist, wer ein eigenes Fahrzeug besitzt. Wir sollten ihn funktional verstehen: Mobil ist, wer jederzeit jeden beliebigen Ort erreichen kann. Dafür gibt es den öffentlichen Personennahverkehr. Aber der ist zu starr. Der Bus fährt nicht immer, wann ich ihn brauche, und er bringt mich meist nicht genau dorthin, wo ich hinwill. Du kennst ja Carsharing-Modelle oder Car-to-go. So etwas Ähnliches, zentral gesteuert, vielleicht eines Tages autonom, also ohne Fahrer. Hier ist der Phantasie vorläufig keine Grenze gesetzt. Man darf ruhig ein wenig spinnen, also kreativ denken. Nur eins ist klar: Wir brauchen eine solche Lösung in spätestens zwanzig Jahren. Wenn wir sie nicht hinkriegen, dann wird sie uns eines Tages auf den Kopf fallen. Mit allen negativen Konsequenzen für den Arbeitsmarkt, die du dir vorstellen kannst".

Ich konnte sie mir vorstellen. In jeder Zeitung las man, wie abhängig unsere ganze Wirtschaft vom Automobil ist, welcher Prozentsatz der Arbeitsplätze auf die Fahrzeugfabriken und deren Zulieferer entfällt. Wenn diese Industrie zusammenbricht, werden wir von einer Welle der Arbeitslosigkeit verschlungen. „Wenn wir Mobilität so bestimmen wie du es gerade vorgeschlagen hast, werden viel weniger Fahrzeuge hergestellt, und dadurch werden viele Arbeitsplätze verloren gehen." „Das ist mir

klar", sagte Frank, „deshalb müssen wir frühzeitig umsteuern, damit die Umstellung langsam vor sich gehen kann. Eine Politik, die sich gegen die nötige Veränderung sträubt, weil sie Arbeitsplätze gefährdet und unpopulär ist, verschärft nur die kommende Katastrophe.
Ich denke an drei Gesetze: Die Kosten für das herkömmliche Automobil müssen jährlich angemessen steigen, durch Erhöhungen der Kraftfahrzeugsteuer und der Kraftstoffsteuer. Mit den zusätzlichen Einnahmen unterstützen wir Forschung und Entwicklung der neuen Mobilität. Und wir brauchen Mittel, um für Berufe im Humanbereich auszubilden und sie besser zu bezahlen. Denn hier werden Menschen gebraucht, für Bildung, Betreuung, Beratung".
Ich war überrascht. Da hatte Frank also offenbar schon viel weiter gedacht als wir in der Wirtschaft. Aber war er sich im Klaren, welche Widerstände er durch solche Gesetzesvorhaben aufrufen würde? Unsere Automobilindustrie war in vielfältiger Weise mit der Politik verbunden, sie hatte eine mächtige Lobby in der Hauptstadt. Und gerade Franks Partei hatte sich immer als anfällig erwiesen für Einflüsse aus diesem Bereich. Ich meine, das hätte bisher auch für Frank selbst gegolten. Da würde ihm auch seine absolute Mehrheit nicht helfen, im Gegenteil, sie wäre das Haupthindernis für die geplanten Neuerungen. „Glaubst du, du könntest deine eigene Partei für ein solches Programm gewinnen?"
Frank lachte. „Du scheinst ja gut Bescheid zu wissen über meine Partei. Aber im Ernst, da liegt tatsächlich das Problem. Mir stellt sich die spannende Frage, ob meine Popularität und mein Einfluss auf meine Partei

stark genug sein werden, um diese Widerstände zu überwinden. Ehrlich, ich weiß es nicht. Aber vielleicht sollte ich es versuchen und herausfinden, ob ich wirklich so mächtig bin, wie die Medien behaupten. Es wäre jedenfalls die Herausforderung, die ich nach deiner Meinung suchen sollte, und ich stimme dir zu, dass ich hier die Gelegenheit hätte, meiner politischen Arbeit eine neue Richtung zu geben, und zwar unabhängig davon, ob ich mich mit einem solchen Programm durchsetzen könnte."

Wir waren an eine Weggabelung gekommen. Frank setzte sich auf einen Stapel Baumstämme, die am Weg lagen, und ich setzte mich dazu. Er brach ein Stück von einem Zweig, der von dem Baum über uns herunterhing, und zupfte die Blätter aus. „Es wäre ein Spiel mit dem Feuer, oder vielleicht ein Tanz auf dünnem Eis, und ich weiß nicht, ob es halten wird. Aber ich weiß auch, dass ich so, wie es jetzt läuft, nicht mehr lange weiter machen werde. Du wirst lachen, aber allmählich wird mir mein Job langweilig." Ich lachte wirklich. „Stell dir das mal in großen roten Lettern auf den ersten Seiten gewisser Zeitungen vor. Ministerpräsident: Regieren ist langweilig." Er lachte auch. „Natürlich ist Regieren nicht langweilig. Da passiert jeden Tag etwas Neues. Ich muss mich darauf einstellen, Pläne ändern, Zeitpläne, politische Pläne. Und dann versuchen, auf einem Umweg wieder in das vorgesehene Fahrwasser zu kommen. Ich lerne eine Menge interessanter Menschen kennen, nicht nur Politiker, auch Wissenschaftler, Künstler, Unternehmer, wen du willst. Das also meine ich nicht. Es ist etwas anderes." Er überlegte, wie er mir das am besten erklären könnte. „Weißt du", sagte er schließlich, „ich habe in meinem politischen Leben nicht viel falsch gemacht, weil ich meine Risiken immer genau kalkuliert habe, und ich habe immer den angestrebten Erfolg gehabt. So etwas ist eigentlich unwahrscheinlich. Ich kenne viele, die das nicht geschafft haben. Nimm den Chef der Arbeiterpartei. Ein kluger und integrer Mann. Aber nun hat er das Pech, dass ausgerechnet ich ihm im Wege stehe, und so wie es aussieht, wird er nach der nächsten Wahl zurücktreten, weil er nicht mehr daran glaubt, dass er an die Regierung kommen kann. Vielleicht ist es Übermut, aber ich möchte mich einer Herausforderung stellen, an der ich scheitern kann. Natürlich will ich nicht scheitern, aber ich würde dadurch tatsächlich noch einmal eine neue Richtung für mein Leben gewinnen, auf oder ab oder vielleicht ganz woanders hin."

Einen Augenblick berührte mich der Gedanke, Frank sei eigentlich nie richtig Kind gewesen, und nun müsse er das irgendwie nachholen. Auf einer hohen Mauer balancieren, von der man abstürzen, in eine Meereswelle laufen, die einen unter sich begraben könnte, im Supermarkt etwas stibitzen und sich nicht erwischen lassen.

„Eigentlich weiß ich schon lange, was ich tun muss, und ich hätte keinen Ratgeber gebraucht. Trotzdem danke, dass du gekommen bist und mich angehört hast. Du hast mit deinem Rat tatsächlich genau das getroffen, was ich schon längst will, aber nicht gewagt habe. Deshalb bin ich jetzt entschlossen, es zu tun."

Unser Gespräch war zu Ende. Auf dem Rückweg und am Nachmittag bis zu unserer Abreise fragte er genauer nach meinem Beruf und meinen Erfahrungen, er bezog auch meine Frau in das Gespräch ein und erwies sich als angenehmer und charmanter Gastgeber. Als er uns am Auto verabschiedete, sagte er: „Du wirst bald von mir hören."

22

Die Nachricht, die Frank mir versprochen hatte, ließ nicht lange auf sich warten. Sie kam in Gestalt einer kleinen Pressemeldung, die durch Fettdruck als wichtig gekennzeichnet war. Der Ministerpräsident habe für den kommenden Mittwoch eine Regierungserklärung zur Umwelt- und Wirtschaftspolitik angekündigt, hieß es da. Ich ahnte, was kommen würde, nahm mir an diesem Tag ein paar Stunden frei und setzte mich zuhause an meinen Fernsehapparat. Es gibt einen Sender, der Parlamentsdebatten, Regierungserklärungen, Pressekonferenzen und ähnliches live überträgt. Dort also sah ich Frank auf der Regierungsbank mit seinen Ministern, ich sah den ziemlich gut gefüllten Plenarsaal und die Fernsehkameras und Reporter auf der Pressetribüne. Hinter den Presseleuten entdeckte ich auch für einen Augenblick Franks Frau, meine Schwester.

Der Parlamentspräsident eröffnete die Sitzung, gab ein paar Hinweise zur Tagesordnung, begrüßte eine Delegation argentinischer Parlamentarier, die sich auf Besuch in unserem Land aufhielt, und gab dann dem Ministerpräsidenten das Wort für seine Regierungserklärung. Er wurde mit warmem Beifall begrüßt.

Frank führte vorsichtig an das Thema heran. Die Umweltbelastung durch Fahrzeuge mit Verbrennungsmotoren war den Abgeordneten bekannt, und man hatte ja schon darüber diskutiert, wie drohende Fahrverbote in den Innenstädten abgewendet werden könnten. Dann sprach er von der Notwendigkeit, die fossilen Energieträger als Rohstoffe zu schonen, statt sie zu verbrennen.

Auch das waren keine neuen Gedanken. Schließlich kam er auf den Landverbrauch durch Verkehrswege zu sprechen

Viele der Abgeordneten hatten Unterlagen auf ihren Tischen und hörten wohl nur nebenbei auf den Redner. In den hinteren Reihen unterhielt sich der Gesundheitsminister leise mit einem Abgeordneten. Ähnliche Gespräche wurden auch an anderen Stellen geführt.

„Deshalb lege ich dem Parlament drei Gesetzesentwürfe zur Beratung vor. Der eine sieht vor, die Nutzung von Kraftfahrzeugen mit Verbrennungsmotor jährlich um wachsende Aufschläge auf Kraftfahrzeugsteuer und Kraftstoffsteuer zu verteuern. Die zusätzlich gewonnenen Mittel werden zur Gründung und zum dauerhaften Betrieb eines Forschungsinstituts ‚Mobilität' genutzt. Es soll an eine unserer technischen Universitäten angegliedert werden und bis zum Ende dieser Legislaturperiode die Möglichkeit alternativer Antriebssysteme erkunden und ein Modell von Mobilität entwickeln, das nicht vom Besitz eines eigenen Automobils abhängig ist. Schließlich wird die Regierung einen Ausschuss von Staatssekretären einsetzen, der alle geplanten Straßenneu- und ausbauten auf den Prüfstand stellen soll."

Im Plenum war es schlagartig still geworden. Gespräche brachen ab.. Die Abgeordneten sahen von ihren Akten auf. Ein Mann in den hinteren Reihen der Ökologie-Fraktion klatschte und viele drehten sich nach ihm um, sodass er seinen Beifall schnell beendete. Frank machte noch Ausführungen zum Begriff der Mobilität und über die Notwendigkeit, neue Arbeitsplätze zu schaffen für die Menschen, die bei einer Verringerung der Automobilproduktion keine Arbeitsstelle mehr finden würden. Er beendete seine Rede: „Die Drucksachen mit den Entwürfen werden in Kürze verteilt werden. Ich gehe davon aus, dass sich die Verkehrs-, Wirtschafts-, Umwelt- und Forschungs-Ausschüsse mit den Vorlagen befassen. Auch der Finanzausschuss wird sich damit beschäftigen müssen, da es sich ja auch um steuerliche Maßnahmen handelt.“ Er packte seine Papiere zusammen und wechselte vom Rednerpult auf seinen Platz in der Regierungsbank.

Wie auf Kommando wurde es laut im Saal. Nachbarn redeten miteinander, viele standen auf und stellten sich zu kleinen Gesprächsgruppen zusammen. Man rief sich kurze Sätze über mehre Sitzreihen hinweg zu. Der Fraktionsvorsitzende von Franks Partei tuschelte mit dem Parlamentspräsidenten. Der schwang seine Glocke und sagte, als Ruhe und Aufmerksamkeit einigermaßen wiederhergestellt waren: „Auf Antrag mehrerer Fraktionen findet die erste Lesung der angekündigten Gesetzesentwürfe in der übernächsten Sitzung statt. Ich rufe auf Punkt 2 der Tagesordnung: Große Anfrage der Fraktion der Arbeiterpartei zur geplanten Gesundheitsreform. Das Wort hat ...“

Am Ende von Parlamentssitzungen sammeln sich gewöhnlich Abgeordnete um den Regierungschef, die schnell eine Anregung oder eine Bitte loswerden wollen. Man wechselt wohl auch kurze Kommentare über den Verlauf der eben beendeten Debatte. Diesmal war Frank ganz allein, als er aufstand, von der Regierungsbank herunterstieg und durch eine Tür hinter dem Podium des Präsidenten hinausging. Als der Sender nach wenigen Minuten die Kameras im Plenarsaal abschaltete, war die Erregung über das soeben Erlebte deutlich an der Unruhe abzulesen, die das Hohe Haus immer noch beherrschte.

23

Ein Ansager meldete sich. „Wegen der aufsehenerregenden Regierungserklärung des Herrn Ministerpräsidenten ändern wir unser Programm. Unsere Reporter sind jetzt im Parlament unterwegs, um erste Stellungnahmen von Abgeordneten zu erhalten. Hier zuerst ein kurzer Kommentar unseres Chefredakteurs."

Der Chefredakteur erschien auf dem Fernsehschirm. Er fasste noch einmal kurz zusammen, was Frank gesagt hatte, und fuhr dann fort: „Ob die angesprochenen Maßnahmen wirklich die erwartete Wirkung haben werden, ist unter Fachleuten umstritten. Aber es ist zweifellos sehr mutig von unserem Regierungschef, dieses Thema so massiv und konkret anzusprechen. In seiner eigenen Partei und Fraktion wird er sich damit nicht viele Freunde gemacht haben. Und die Opposition, die einer so skizzierten Verkehrspolitik sicherlich nähersteht, wird gewiss eine Menge Einwendungen haben, wenn es um ihre konkrete Umsetzung geht. Die Folgen für den Arbeitsmarkt sind unübersehbar. Man darf spekulieren, was Frank Welzin bewogen haben mag, diesen Vorstoß zum jetzigen Zeitpunkt zu machen. Wir werden versuchen, ihn noch in dieser Sendung zu einer Stellungnahme vor die Kamera zu bekommen."

Nun folgten in bunter Reihe Kurzinterviews mit Abgeordneten. Alle angesprochenen Parlamentarier stimmten darin überein, dass sie sich nicht erklären könnten, was den Regierungschef dazu bewogen habe, gerade jetzt diese Rede zu halten. „Im Kabinett haben wir das nicht besprochen", sagte ein Minister. Die meisten Interviewpartner aus Franks Regierungspartei drückten sich sehr vorsichtig aus. „Hier besteht noch eine Menge Beratungsbedarf", hörte man und man „versteht nicht, warum Herr Welzin mit seiner Erklärung so weit vorgeprescht ist. Das hätte man besser in den Gremien vorbesprochen." Die meisten hielten sich mit Kritik zurück. Man weiß ja, wie populär der Chef vor allem bei der Parteibasis ist, und da konnte es gefährlich sein, den Kopf zu weit aus dem Fenster zu strecken. Nur ein weißhaariger Abgeordneter konnte seinen Ärger nicht beherrschen: „Mit einer solchen Auffassung ist Welzin nicht mehr mein Regierungschef. Er wird sich wundern, welcher Wind ihm aus der Fraktion entgegen wehen wird."

Die Stimmen aus der Opposition klangen erwartungsgemäß ganz anders. In der Sache stimme man mit dem Ministerpräsidenten weithin überein. Natürlich müsse über Einzelheiten beraten werden. Die Abgeordneten der Arbeiterpartei zeigten sich besorgt wegen der Folgen für den Arbeitsmarkt. Bedenklich sei, dass sich Frank Welzin ohne Abstimmung mit seinen Gremien so weit von seiner Parteilinie entfernt habe. „Sehr demokratisch ist das nicht, und hier droht eine ernsthafte Gefahr für die Stabilität unseres Staates." Andere konnten ihre Schadenfreude kaum unterdrücken. „Da wird er staunen, welchen Sturm er in der Wirtschaft und in seiner Partei angefacht hat." „Der ist ja offenbar in der falschen Partei. Mit uns könnte er eine solche Politik schon eher machen." Doch die Skepsis klang auch hier

durch. „Bevor diese Maßnahmen nicht gründlich durchgerechnet sind, kann man wenig dazu sagen."
Einer der Wortführer der Opposition brachte es auf den Punkt: „Herr Welzin hat heute politischen Selbstmord begangen. Seine Partei wird ihn schnellstmöglich in die Wüste schicken."
Schließlich konnte man auch noch einige Fachleute aus Wirtschaft und Wissenschaft präsentieren. Die waren, wie üblich, gänzlich unterschiedlicher Meinung. Sie hatten offenbar schon so lange vergeblich auf eine andere Verkehrspolitik gedrängt, dass die Aussicht, einer der Politiker wolle mit ihren Vorschlägen Ernst machen, sie vollständig überrumpelt hatte. Einer blieb klar bei seiner Linie und wünschte dem Herrn Ministerpräsidenten viel Erfolg bei dem Versuch, seine Erkenntnisse auch umzusetzen. Sehr ermutigend klang das auch nicht, und noch viel skeptischer äußerten sich die Vertreter der Wirtschaft. Der Ministerpräsident habe offenbar die Folgen seiner Vorschläge für die gesamte Volkswirtschaft drastisch unterschätzt. Immer wieder auch die Frage, was den erfolgreichen Regierungschef wohl veranlasst haben könnte, eine so gewagte Rede zu halten.
Am Ende meldete sich wieder der Ansager: „Leider ist es uns nicht gelungen, Frank Welzin zu einer Stellungnahme zu bewegen. Wir hoffen, Ihnen eine solche später noch liefern zu können." Und damit schaltete der Sender um in den Plenarsaal, wo jetzt noch einige kleine Anfragen behandelt wurden.

24

Auch wenn man ins sprichwörtliche Wespennest gestochen hat, legt sich die Aufregung der aufgescheuchten Tierchen nach einiger Zeit, und sie gehen daran, die Zerstörungen, die der Angreifer angerichtet hat, zu beseitigen. Die Aufregung hingegen, die Frank Welzin mit seiner Regierungserklärung ausgelöst hatte, legte sich erst einmal nicht. Tagelang waren die Zeitungen voll von Reaktionen auf die neuen Vorschläge. Da meldeten sich Befürworter und Gegner, mehr Gegner, aus den verschiedenen politischen Lagern, aus den unterschiedlichsten Wissenschaften, von unzähligen Interessengruppen und auch aus dem befreundeten Ausland. Man appellierte an den verehrten Herrn Ministerpräsidenten, doch schleunigst auf den Pfad der Tugend zurückzukehren, oder man sprach ihm Mut zu, auf dem eingeschlagenen Weg weiter zu gehen. Sämtliche Straßenbaupläne der Regierung wurden penibel unter die Lupe genommen, und es stellte sich erwartungsgemäß heraus, dass man auf kein Bauvorhaben verzichten könne, wolle man nicht schwerwiegende Verkehrsinfarkte heraufbeschwören. Die ganze Volkswirtschaft sei überdies in Gefahr, wenn die Autoindustrie geschwächt werde.
Das alles kam mir vor wie das aufgeregte Gesumm eines Orchesters vor dem Auftritt. Da wird noch gestimmt und geprobt, aber alle warten gespannt auf den Beginn des Konzerts. Dieses begann mit einem Paukenschlag: Franks Wirtschaftsminister erklärte seinen Rücktritt. Zwar fand sich in einem parteilosen Fachmann rasch Ersatz, aber der Neue, mochte er auch eine wissen-

schaftliche Kapazität sein, erwies sich als wenig standfest im politischen Grabenkampf, und der Alte hörte nicht auf, in allen politischen Magazinen, in allen Talkshows, in der seriösen Presse wie im Boulevard gegen die Politik seines bisherigen Chefs zu argumentieren und, man muss es so sagen, zu stänkern.

Immerhin konnte Frank das übrige Kabinett zusammenhalten. Es muss um die Formulierung der angekündigten Gesetze heftige Debatten gegeben haben, aber schließlich lagen die Texte dem Parlament und der Öffentlichkeit vor. Es gab einen Gesetzentwurf über eine Progression der Kraftfahrzeug- und der Kraftstoff-Steuer. Beide Steuern sollten im Laufe der nächsten zehn Jahre jeweils um 2 % jährlich steigen. Ferner werde die Regierung die Entwicklung neuer Antriebe fördern und ein Forschungsinstitut für Mobilität gründen. Dann noch ein Verordnungsentwurf zur Überprüfung aller geplanten Straßenaus-, -um- und -neubauten.

Die erste Lesung dieses Gesetzbündels geriet zu einer Generalaussprache über Grundsätze der Wirtschaftspolitik. Tatsächlich war das nicht mehr als der Austausch von Gemeinplätzen. Die Mitglieder der Mehrheitsfraktion hielten sich noch mit Kritik zurück, mahnten aber entscheidende Abstriche von den Plänen der Regierung an. Die Oppositionsparteien taten sich schwer mit ihrer Argumentation. Einerseits waren einige der Vorschläge durchaus in ihrem Sinn, andererseits sahen sie auch eine Möglichkeit, am Image des bisher unangefochtenen Regierungschefs zu kratzen. Also liefen ihre Plädoyers auf ein „entschiedenes sowohl – als auch“ hinaus, wie eine Zeitung das kommentierte.

Die Entwürfe wurden dann mit zahlreichen Änderungsanträgen an die zuständigen Ausschüsse überwiesen. Damit ebbte die öffentliche Unruhe erst einmal ein wenig ab. So heiß werde die Suppe sicher nicht gegessen, wie sie der Chef gekocht habe, meinten die der Regierung nahestehenden Zeitungen mit mahnendem Zeigefinger, die anderen mit kaum verhohlener Schadenfreude.
In diesen Tagen bekam ich einen Anruf von Simon Bernauer. Er war ratlos. „Ich glaubte immer, ich hätte Frank verstanden, aber nun passt sein Verhalten in kein Schema mehr. Was will er denn erreichen mit seinen unpopulären Vorschlägen? Ich kann es drehen und wenden wie ich will, ich finde keinen Sinn in diesem Vorgehen.“ Ich überlegte, was ich antworten könnte, wie viel von den Gesprächen am 50. Geburtstag ich weitererzählen durfte. „Ich denke, wir alle haben Frank immer nur zum Teil verstanden“, fing ich vorsichtig an. „Wir haben ihn beobachtet, wie er Schritt für Schritt seinen Aufstieg vorbereitet und wie er tatsächlich sein Ziel erreicht hat. Aber wir haben nicht daran gedacht, dass es ihm auch um Inhalte ging. Er wollte die Macht, aber er wollte mit der Macht etwas bewirken. Das hat sich offenbar als schwieriger erwiesen, als er sich das dachte. Und nun versucht er es mit einem Befreiungsschlag. Hat er Erfolg, dann hat sich das Risiko gelohnt. Scheitert er, was ich für wahrscheinlicher halte, dann hat er ein Signal gesetzt, dass mit ihm nicht aus der Diskussion verschwinden wird. Also wird er auch durch Scheitern etwas bewirken.“ Simon sagte erst nichts, dann meinte er: „Und man muss auf hohem Niveau

scheitern, wenn man dauerhaft Aufmerksamkeit auf ein Thema richten will. Wenn der Regierungschef untergeht, dann erzeugt er einen Wirbel, der die Welt verändert. Ich denke, du hast Recht. So habe ich das bisher nicht gesehen.“ „Trotzdem würde ich Frank wünschen, dass er Erfolg hat. Denn es gibt sicher noch mehr Themen, an denen zu scheitern sich lohnen würde.“

25

Die Ereignisse folgten den Regeln der parlamentarischen Demokratie. In der zweiten Lesung der Gesetze wurden die Änderungsvorschläge aus den Ausschüssen und weitere aus den Fraktionen diskutiert und zur Abstimmung gestellt. Die ursprünglichen Vorlagen waren kaum wiederzuerkennen, ja teilweise geradezu auf den Kopf gestellt. Die Mehrheiten wechselten, nicht alle Änderungsanträge wurden angenommen, aber der ursprüngliche Zweck der Gesetze war nicht mehr erkennbar. Der Vorsitzende des federführenden Wirtschaftsausschusses, ein Parteifreund von Frank, betonte zum Schluss der Sitzung, man habe versucht, die lobenswerten Ziele des Regierungschefs zu erhalten, indem man die Vorschläge „praktikabel" gemacht habe. „Sehr geehrter Herr Ministerpräsident, Sie schulden uns Dank dafür, dass wir Ihnen die Instrumente, die Sie für eine erfolgreiche Wirtschaftspolitik brauchen, nicht nur erhalten, sondern handgerecht geschliffen haben." Der Zeitungsbericht über diese Sitzung vermeldete hier großen Beifall bei der Regierungsfraktion und Teilen der Opposition.

Dann verlangte Frank noch einmal das Wort. Er ging auf den Vorredner nicht ein, sparte sich auch jede Kritik an der Arbeit der Ausschüsse, sondern sagte nur, es werde sicherlich niemanden überraschen, dass er bei seinen ursprünglichen Entwürfen bleiben und sie unverändert in die Schlussabstimmung einbringen werde. Mit dieser Abstimmung werde er die Vertrauensfrage verbinden.

Diese Ankündigung muss wie eine Bombe im Hohen Haus eingeschlagen sein. Die Abgeordneten saßen unbeweglich und stumm auf ihren Plätzen, bis Frank den Plenarsaal verlassen hatte. Dann brach die sprichwörtliche Hölle los. Einige sprangen auf, um prominente Abgeordnete bildeten sich Trauben, alle sprachen in höchster Lautstärke, sodass der Präsident einige Mühe hatte, sich Gehör zu verschaffen. Als der Lärm schließlich abebbte, zog er das Mikrofon nahe an sich heran, sodass seine Ankündigung wie Donner über die Parlamentarier hereinbrach: „Die Abstimmung", brüllte er, „über eine Vertrauensfrage kann frühestens in einer Woche stattfinden. Deshalb wird auch die dritte Lesung und die Verabschiedung der eingebrachten Gesetze auf diesen Termin verschoben. Die Sitzung ist geschlossen."
Ich kann nicht sagen, dass mich diese Entwicklung überraschte. Sowohl die Abschwächungsversuche der Parlamentarier als auch die Beharrlichkeit von Frank lagen in der Logik der Situation. Hätte sich Frank die Verwässerung seiner Gesetze gefallen lassen, dann wäre er in Zukunft der zahnlose Tiger gewesen, mit dem man alles hätte anstellen können. Aber wie würde das Parlament auf die Vertrauensfrage reagieren? Eigentlich konnte ich mir nicht vorstellen, dass die Abgeordneten seiner Partei den Rücktritt ihres Stars riskieren würden. Andererseits – wenn sie nachgaben, würden sie in Zukunft willenlose Erfüllungsgehilfen der Regierungspolitik sein. Und wer wusste nach dieser Erfahrung, wie die sich entwickeln würde? Es ging also auf beiden Seiten um eine sehr grundsätzliche Entscheidung, die die Bri-

sanz des Beratungsgegenstandes noch bei weitem übertraf.

Das Telefon meldete sich. Frank war am Apparat. Er ließ mir keine Zeit, meine Gedanken zu der neuen Lage auszudrücken, sondern sagte nur kurz: „Kannst du ein paar Tage herkommen? Ich muss meine Reden vorbereiten, und da brauche ich kritische Zuhörer. Katja hat ausdrücklich darum gebeten, dass du sie nicht allein lässt mit dieser Aufgabe." Da konnte ich nicht nein sagen. Ich hatte noch Urlaubsansprüche, und nach zwei Tagen fuhr ich in die Hauptstadt.

Die Kontrollen am Eingang des Regierungspalastes gingen rasch vonstatten. Frank musste mich angemeldet haben. Trotzdem musste ich durch einen Scanner gehen und meinen kleinen Koffer auf ein Laufband stellen. Dann brachte mich einer der diensthabenden Polizisten zum Aufzug. Oben nahm mich Katja in Empfang, die man offenbar von der Pforte aus angerufen hatte.

Ich war zum ersten Mal in der Dienstwohnung im obersten Stockwerk des Regierungsgebäudes. Ein paar Repräsentationsräume im mittleren Teil des neugotischen Schlossbaus waren edel ausstaffiert. Die brauchte man wohl zum Empfang und für die Bewirtung von Staatsgästen. Die eigentliche Wohnung der Familie lag in einem Seitenflügel, und sie unterschied sich kaum von den bürgerlichen Wohnungen, die ich kannte. Im Gegenteil, die Polstergarnitur, die ich in meinem Wohnzimmer stehen hatte, war nicht nur moderner, sondern auch ausladender als die Sessel und das Sofa, die ich hier fand. „Die Zimmer für Staatsgäste sind im anderen Seitenflügel", sagte Katja, „aber wir haben hier ein

privates Gästezimmer." Auch dieses Zimmer war einfach eingerichtet, hatte aber ein eigenes kleines Bad. „Mach dich ein bisschen frisch. Frank kommt in einer halben Stunde. Dann essen wir."
Ich wunderte mich, wie einfach und normal es im Haus des mächtigsten Mannes in unserem Staat zuging. Die kleine Tochter war schon im Bett, als Frank aus seinen Arbeitsräumen heraufkam. Er ging noch einmal zu ihr und sagte ihr „Gute Nacht". Katja hatte ein leichtes warmes Essen vorbereitet. „Ich dachte, ihr habt einen Koch", sagte ich. Katja lachte. „Der kommt nur, wenn wir ein Staatsdiner ausrichten müssen. Er hat im anderen Flügel eine große Küche. Hier bin ich der Chef", sagte sie und lachte wieder. Ich wunderte mich über die lockere Atmosphäre, die zwischen uns beim Essen herrschte. Es war doch die „Schicksalswoche für den Ministerpräsidenten", wie mehrere Zeitungen betont hatten. Hier spürte ich nichts davon. Auch in den späten Fernsehnachrichten, die wir zusammen sahen, wurde die neue Lage ausführlich erörtert, obwohl sie ja nun schon mehrere Tage alt war. Man hatte Leute auf der Straße befragt, und da gab es welche, die sich eifrig für Frank und seine Vorschläge aussprachen, und andere, die meinten, er sei ohnehin zu mächtig geworden, und es sei ganz richtig, dass er ein wenig zurückgestutzt werde. Als dann wieder die üblichen Spezialisten interviewt wurden, schaltete Frank entschlossen das Gerät aus. „Ich kann dieses unehrliche Gerede nicht mehr hören", sagte er, und da spürte ich zum ersten Mal doch etwas von der Spannung, in der er lebte. „Wenn sie mit mir reden, dann loben sie meine Vorschläge über den

grünen Klee, aber öffentlich winden sie sich wie die Regenwürmer, um nur ja nicht gegen den allgemeinen Trend reden zu müssen."

Frank war müde. „Lass uns ins Bett gehen", sagte er. „Ich habe für morgen alle Termine abgesagt, da haben wir Zeit, über die Reden nachzudenken."

26

Es gibt im Regierungsviertel einen Kindergarten, den hauptsächlich die Kinder von Regierungsmitarbeitern besuchen. Katja brachte ihre kleine Tochter auch dorthin. „Im Herbst muss sie in die Schule. Das wird schwieriger“, sagte sie, als sie zurückkam. Frank hatte inzwischen verschiedene Papiere zusammengelegt, und zu dritt setzten wir uns in sein privates Arbeitszimmer. „Im Notfall bin ich immer erreichbar“, sagte er, „aber wenn ich unten in meinem Büro sitze, ist es viel schwieriger, Störungen abzuwenden.“

„Also“, fing er an, „ich werde zu Anfang der Sitzung noch einmal meine Anträge begründen, und ich werde mit aller Rhetorik, die ich aufbieten kann, für ihre Annahme werben. Dabei werde ich auch begründen, warum ich die Abstimmung mit der Vertrauensfrage verbinde. Die Anträge sind kein Spielmaterial, keine Verhandlungsmasse, um irgendeinen Kompromiss auszuhandeln, sondern sie sind mein Versuch, wenigstens in einem Bereich die Macht, die mir mein Amt verleiht, auch in eine praktische Entscheidung umzumünzen, unsere Gesellschaft an einem Punkt voran zu bewegen.“

Das klang schon beinahe wie eine Parlamentsrede. Aber ich hatte doch eine Frage: „Warum ist dir gerade dieses Thema so wichtig? Gäbe es nicht andere Politikfelder, auf denen der Einsatz genauso nötig wäre? Bildung? Gesundheit? Energie? Warum gerade Verkehrspolitik?“

„Gute Frage“, sagte Frank, aber es war keine billige Ausflucht, sondern er hatte sich diese Frage offenbar auch gestellt. „Weil die Umwandlung hier besonders viel Zeit

beansprucht. Ich gebe dafür zwölf Jahre vor und weiß genau, dass das zu wenig ist. Wenn wir bis zur Jahrhundertmitte die notwendige Entlastung in den Bereichen Energie und Umwelt erreichen wollen, müssen wir jetzt forschen, planen und experimentieren. Außerdem ist der Verkehr ein Querschnittsbereich, der auf viele andere Felder ausstrahlt. Aber du hast Recht. Wenn ich wider Erwarten diese Gesetze durchbringe, dann ist die Reform des Gesundheitswesens mein nächstes Projekt. Und an dem werde ich dann noch grandioser scheitern."
„Man könnte fast denken, du sehnst das Scheitern herbei." Hier schaltete sich Katja ein. „Das habe ich zuerst auch gedacht, aber inzwischen habe ich verstanden, dass es Frank darauf ankommt, Pflöcke einzuschlagen, die man nicht so leicht wieder herausziehen kann, auch wenn man sie vorerst nicht als Fundament für einen Bau nutzen wird." Frank nickte. „So ist es."

Er hatte schon einen Entwurf für seine Rede geschrieben und mit einigen Mitarbeitern besprochen, und nun las er ihn uns vor. Er stellte in einfachen Worten sehr überzeugend dar, warum die Gesetzesvorlagen, die er eingebracht hatte, notwendig seien und wie sie in der Praxis wirken würden. „Weil ich überzeugt bin, dass wir diese Gesetze brauchen, und zwar schon in der allernächsten Zukunft, verbinde ich Ihre Entscheidung über sie mit meinem Verbleib im Amt. Wenn Sie diese Gesetze nicht wollen, dann werden Sie ohne mich auskommen müssen."

Er hatte uns Kopien seiner Rede an die Hand gegeben, und ich hatte mir beim Lesen ein paar Stellen angestrichen. Aber bevor ich auf einige Ausdrücke eingehen konnte, die man noch einmal überlegen sollte, fragte er selbst: „Ist dieser letzte Satz nicht arrogant?“ Katja nickte, sie hatte das auch so empfunden. Ich hätte mir weniger dabei gedacht. Mir gefiel die kompromisslose Verbindung zwischen Parlamentsentscheidung und Vertrauensfrage. „Solltest du nicht eher sagen“, schlug Katja vor, „dass du die Verantwortung für die Politik nicht länger tragen kannst, wenn man dir das notwendige Handwerkszeug verweigert?“ Frank zog die Augenbrauen zusammen. Das hatte er schon als Kind so gemacht, wenn er angestrengt nachdachte. „Wenn Sie mir diese Werkzeuge für eine wirksame Verkehrspolitik verweigern, kann ich die Verantwortung für die Führung unseres Landes nicht mehr tragen“, schlug ich vor. „Verweigern würde ich doch nicht sagen“, meinte Katja. „Anvertrauen fände ich besser.“ „Und ich würde den Satz umkehren“, meinte Frank. „Also: Ich kann die Verantwortung für unser Land nicht länger tragen, wenn Sie nicht bereit sind, mir diese Werkzeuge für eine wirksame Verkehrspolitik anzuvertrauen.“ Wir nickten. „Nun der schwierigere Teil“, sagte Frank. „Ich gehe mit Sicherheit davon aus, dass ich das Vertrauen des Parlaments nicht erhalte. Dann kann ich zurücktreten oder im Amt bleiben, bis man einen neuen Ministerpräsidenten wählt. Das würde vermutlich schwierig werden, es könnte also alles so weitergehen wie bisher. Doch das will ich nicht. Ich wäre eine lahme Ente, wie die Amerikaner sagen, wenn ich trotz einer verlorenen Vertrauensabstimmung einfach im Amt bliebe. Also werde ich zurücktreten. Und dafür habe ich auch eine Rede vorbe-

reitet." Frank reichte uns ein Blatt, das nur zur Hälfte beschrieben war, und las es vor:
„Herr Präsident, meine Damen und Herren. Die Mehrheit der Abgeordneten hat mir in dieser Abstimmung nicht das Vertrauen ausgesprochen, weil sie den Weg, den ich vorgeschlagen habe, nicht mit mir gehen will. Es ist das gute Recht der Abgeordneten, so zu entscheiden, und ich respektiere ihre Entscheidung. Ich trete mit sofortiger Wirkung von meinem Amt als Ministerpräsident zurück.
Ich tue das ohne Bitterkeit. Sie alle, auch die, die mir ihr Vertrauen heute nicht aussprechen konnten, sind einen langen Weg mit mir zusammen gegangen. Sie haben mir anspruchsvolle Aufgaben zugewiesen, und Sie haben mich bei der Erfüllung dieser Aufgaben getreulich unterstützt. Das sage ich ausdrücklich auch zu den Damen und Herren der Opposition. Ihr Widerspruch hat mich immer wieder veranlasst, nach noch besseren Wegen zu suchen. Ich sage Ihnen allen meinen aufrichtigen Dank, und ich verspreche Ihnen, dass ich auch nach meinem Ausscheiden aus dem Amt Ihr Wirken mit Aufmerksamkeit und großer Anteilnahme begleiten werde.
Ich wünsche Ihnen für Ihre weitere Arbeit das nötige Augenmaß, Mut zu neuen Wegen, viel Glück und den Erfolg, der Ihnen das Gefühl gibt, dass Sie Ihrem Land gewissenhaft gedient haben."
Katja sah immer noch auf das Blatt und sagte nichts. Auch ich hatte nicht den Eindruck, dass wir diese Rede noch verbessern könnten. Schließlich fragte Frank: „Was meint ihr?" Katja hob den Kopf, und ich sah, dass sie Tränen in den Augen hatte. „Wenn du das so sagen

willst, dann kannst du es nicht besser sagen." Er sah mich an. Ich nickte.
Doch dann fragte ich doch: „Hast du nicht auch eine Rede im Köcher für den Fall, dass du die Abstimmung gewinnst?" Frank lächelte. „Für den Fall traue ich mir zu, dass ich sie aus dem Stegreif halten kann."

27

Das Hohe Haus war vollständig besetzt. Auf der Regierungsbank, auf der Provinzbank gab es keine freien Plätze. Die Diplomatentribüne war voll, auf der Pressetribüne drängten sich die Reporter. Zahlreiche Kameras waren aufgebaut. Eine Besuchertribüne war abgesperrt. Dort saßen noch mehr Diplomaten in schwarzen Anzügen und einige ausgewählte Gäste. Dort hatte Frank auch für Katja und mich Plätze reservieren lassen.

Das Stimmengewirr aus dem Plenum war gedämpft, ganz anders also sonst vor Beginn einer Sitzung. Um Punkt zehn Uhr eröffnete sie der Präsident. „Einziger Tagesordnungspunkt ist die Verabschiedung der Gesetzesvorlagen auf den Drucksachen Nummer … und die Abstimmung über die vom Herrn Ministerpräsidenten gestellte Vertrauensfrage. Das Wort hat Herr Ministerpräsident Dr. Welzin."

Frank ging ans Rednerpult. Er wirkte wie sonst auch. Er legte ein Blatt vor sich hin. Das tat er sonst nie, denn er sprach grundsätzlich frei. Aber er las nicht ab, sondern sah, als er sprach, die Abgeordneten vor ihm, die Diplomaten und die Journalisten auf den Tribünen voll an, und er ließ seinen Blick auch über die übrigen Besucher schweifen. Er führte noch einmal aus, was ihn bewogen hatte, dem Parlament diese Gesetzesentwürfe vorzulegen. Er zeigte Verständnis für die Abgeordneten, die Schwierigkeiten hatten, seine Gründe anzuerkennen und Respekt für die Versuche, seine Vorschläge nach ihren Vorstellungen umzuformulieren. Hätte ich seine Rede nicht gekannt, dann hätte ich spätestens an dieser

Stelle angenommen, dass Frank dabei war, seinen Antrag auf eine Vertrauensabstimmung zurückzunehmen. Fast hatte ich auch den Eindruck, dass das Parlament aufatme in der Erwartung, es werde doch nicht zum Schwur kommen.
Doch dann folgte der letzte Absatz, der diese Hoffnungen, die da wohl aufkeimten, wieder erstickte. Er habe sich, sagte Frank, mühsam und auch gegen seine eigenen früheren Vorstellungen zu der Überzeugung durchgerungen, dass ohne die von ihm vorgeschlagenen Mittel eine wirksame Verkehrs- und Umweltpolitik nicht mehr möglich sei. „Ich kann die Verantwortung für unser Land nicht länger tragen, wenn Sie nicht bereit sind, mir diese Werkzeuge für eine wirksame Verkehrspolitik anzuvertrauen. Ich danke Ihnen."
Der Beifall, der dieser kurzen Rede folgte, war verhalten, einfach die höfliche Reaktion eines Parlaments auf einen Redner, dem man im übrigen nicht zu folgen bereit war.
Die Aussprache bestritten zunächst die Fraktionsvorsitzenden. Franks Parteifreund führte noch einmal umständlich aus, warum man die sicher gut gemeinten Vorschläge des verehrten Herrn Ministerpräsidenten nicht habe annehmen können. Es ging, etwas unterschiedslos, um politische Grundsätze - „keine Steuern erhöhen", „die Rolle des Staates eher zurücknehmen" - und um praktische Argumente, wie etwa die Frage nach den Kriterien, an denen Frank seine Maßnahmen greifen lassen wollte. Er warb noch einmal für die Änderungsvorschläge aus der zweiten Beratung und appellierte „dringend an Sie, hoch verehrter Herr Dr. Wel-

zin“, auf die Vertrauensfrage zu verzichten und wie gewohnt konstruktiv mit dem Parlament zusammenzuarbeiten. Bei den Oppositionspolitikern fiel die Verehrung für den Regierungschef naturgemäß gedämpfter aus und die Kritik an den Gesetzesvorlagen suchte sich andere Angriffspunkte. Aber wirklich Neues sagte keiner der Redner. Das galt auch für die Wirtschafts- und Steuerfachleute aus den Fraktionen, die dann noch kurze Stellungnahmen abgaben. Alle bemühten sich, den Eindruck zu vermeiden, als hielten sie Nachrufe auf einen Staatsmann, der, und das war deutlich zu spüren, einer Phase der Politik unbestreitbar seinen Stempel aufgedrückt hatte. Dabei musste es nach Franks Rede doch jedem klar sein, dass er sich von seinem Kurs nicht mehr abbringen lassen würde.

Schließlich kam es zur Abstimmung. Die Protokollführer riefen die Namen in alphabetischer Reihenfolge auf. Die Abgeordneten kamen zum Tisch der Stenographen und steckten ihren Stimmzettel in die dort aufgestellte Urne. Die Minister gingen, nachdem sie ihre Stimmzettel eingeworfen hatten, nicht mehr auf die Regierungsbank zurück, sondern setzten sich zu ihren Fraktionen. Es wurde immer einsamer um Frank. Der saß, wie gewohnt, an seinem Platz neben der erhöhten Präsidententribüne und las offenbar Akten, mit dem Stift in der Hand. Als er seine Stimme abgegeben hatte, ging er auf seinen Platz zurück, bis die letzten Parlamentarier an der Reihe gewesen waren. Dann unterbrach der Präsident die Sitzung für die Auszählung.

Die meisten Abgeordneten verließen den Plenarsaal, auch Frank ging durch die Tür hinter dem Podium, die den Mitgliedern der Regierung vorbehalten ist, hinaus. Auf den Tribünen wurde es unruhig. Die Presseleute tauschten sich lauthals über ihre Eindrücke aus, einige sprachen erste Kommentare in Mikrofone. Auf den Gängen hinter den Tribünen bildeten sich dichte Trauben um Parlamentarier, die sich dort zeigten. Die Diplomaten verhielten sich ruhiger, aber auch da entstanden kleine Grüppchen, die sich angeregt unterhielten. Immer wieder richteten sich auch die Scheinwerfer und Kameras auf Katja, und damit auch auf mich, aber sie wies alle Reporter freundlich, aber bestimmt, ab. Mich fragte keiner. Sie kannten mich nicht. Ich hätte auch keine Antwort gegeben.

Die Spannung stieg schlagartig, als das Glockenzeichen des Präsidenten erklang, und das Plenum füllte sich in Minuten. Frank kam wieder durch seine Tür und setzte sich auf seinen Platz. Er blieb allein. Es war wie ein Symbol für das, was sich in den letzten Wochen um ihn abgespielt hatte.

Der Vorsitzende der Zählkommission trat ans Rednerpult. „Es wurden 547 Stimmen abgegeben. Alle waren gültig. 82 Abgeordnete stimmten mit ja, 427 mit nein, 38 haben sich enthalten. Damit ist der Antrag, dem Herrn Ministerpräsidenten das Vertrauen auszusprechen, abgelehnt.“

Es war einen Augenblick totenstill im Saal. Die Stimme des Präsidenten fiel überlaut in diese Stille: “Das Wort hat der Herr Ministerpräsident.“ Frank ging ans Pult und hielt seine Rede, wie er sie uns vorgelesen hatte. Er sprach frei, ruhig, man merkte seiner Stimme keine Erregung an. In diesem Augenblick spürte ich etwas von der Macht, die er durch seine Persönlichkeit ausgeübt hatte.

Er endete seine Rede, gab dem Präsidenten die Hand und ging auf die kleine Tür im Hintergrund zu. Bis dahin war es still im Saal. Aber bevor Frank die Tür erreichte, begann, schüchtern erst, aber dann immer lauter, der Beifall im Hohen Haus. Frank blieb stehen, drehte sich um und ging ein paar Schritte zurück. Zwischen dem Podium des Präsidenten und seinem Platz auf der Regierungsbank blieb er stehen. Der Beifall nahm zu. Er war nicht stürmisch, dafür gab es ja wohl auch keinen Anlass, aber er klang warm. Auch die Diplomaten auf der Tribüne klatschten, die Zuhörer auf den Seitengalerien, die Leute von der Presse. Erst erhoben sich einige, dann standen alle auf. Frank verbeugte sich leicht zum Dank für diese Geste, dann ging er mit festem Schritt hinaus.

Tränen liefen ungehemmt über Katjas Gesicht. Aber sie lächelte dabei.

28

Die nächsten Wochen müssen für Frank und Katja hektisch gewesen sein. Ich war wieder an meinen Arbeitsplatz zurückgekehrt, aber meine Schwester rief mich beinahe täglich an. Die offiziellen Termine bekam ich noch mit, der Besuch beim Staatspräsidenten, der die Entlassungsurkunde überreichte, Franks Verzicht auf seinen Parlamentssitz, und sogar der Möbelwagen vor dem Regierungsgebäude schaffte es in die Fernsehnachrichten. Die Familie blieb in der Hauptstadt und zog für ein paar Monate in eine geräumige Mietwohnung, bis das Reihenhaus, das Frank in einem Vorort gekauft hatte, frei und renoviert war.

Als neuen Regierungschef bestimmte die Mehrheitspartei den früheren Wirtschaftsminister, der das Kabinett als erster im Protest verlassen hatte. Die Gesetzesvorschläge, die Frank eingebracht hatte, verschwanden aus der Parlaments-Agenda, auch in der Fassung der Ausschüsse kamen sie nicht mehr zur Verabschiedung. Seine Funktion als Parteivorsitzender ließ Frank ruhen bis zu einem Sonderparteitag, bei dem ein bislang wenig bekannter Parlamentsabgeordneter zu seinem Nachfolger bestimmt wurde. Er blieb einfaches Mitglied seiner Partei, trat in ihr aber nicht mehr in Erscheinung.

Nach einigen Monaten beruhigte sich das Leben der Familie Welzin. Die kleine Tochter kam in die Schule. Katja beklagte sich lachend am Telefon, dass sie auf einmal viel zu viel Zeit habe. Ich war gespannt, was Frank mit seiner neuen Freiheit anfangen würde. Würde er ein Buch schreiben, seine Memoiren? Würde er sich als

außerordentlicher Professor zur Attraktion einer Universität machen lassen? Würde er als Aufsichtsrat oder sogar als Vorstand in einem wirtschaftlichen Unternehmen tätig werden?
Er tat nichts von alledem, sondern das eigentlich Nächstliegende: er ließ sich zu Vorträgen von gesellschaftlichen und wirtschaftlichen Vereinigungen, zu Kongressen, an Hochschulen einladen. Er sprach bei Gewerkschaften und Kirchen, bei Umweltverbänden, Stadtjubiläen, Museums-Einweihungen, und schließlich mehr und mehr auch bei Wirtschaftsverbänden, die sich zuerst noch zurückgehalten hatten, wohl, weil sie ihn nach seinem spektakulären Abgang aus der Politik eher für einen Gegner gehalten hatten.
Die ersten Anfragen kamen aus dem Ausland. Es zeigte sich, dass seine konsequente Haltung in einer Frage, die ja alle Staaten beschäftigte, vor allem in den alten Demokratien Anerkennung fand. Seinen ersten Vortrag hielt er in Schweden, dann sprach er in England und Schottland, schließlich folgten Einladungen nach Frankreich, den USA, Kanada und Neuseeland. Man interessierte sich für seine Reformpläne, weniger, weil man sie kopieren wollte, sondern eher als Anregung, eigene Wege zu suchen. Das kam Frank entgegen, weil er damit offen und unbefangen über seine Erfahrungen und Überlegungen sprechen konnte. Sein Rat war gefragt, auch wenn er nirgends sofort und unverändert befolgt wurde.
Simon Bernauer rief mich an. Auch er verfolgte Franks Weg sehr aufmerksam. „Nach seinem Rücktritt hat er im Grunde mehr Macht als vorher“, sagte er, „weil er

jetzt nicht ein hohes Amt, sondern eine große moralische Autorität besitzt. Man mag den Inhalt seiner Botschaft kritisch befragen, aber immerhin hat er seine Karriere und seine Position dafür eingesetzt, sie in praktische Politik umzusetzen. Da muss doch etwas dran sein."

Die erste einheimische Einladung kam von einer jungen Universität, die sich in ihren verschiedenen Tätigkeitsbereichen für unorthodoxe Lösungen einsetzte. Bald folgten andere, und schließlich war Franks Terminkalender so voll, dass sich Katja beklagte, sie sehe ihn seltener als in seiner Zeit als Regierungschef. Aber ich glaube, sie war doch glücklich, dass ihr Mann wieder eine Aufgabe gefunden hatte, die ihn erfüllte. „Auf Kreuzfahrten können wir immer noch gehen", sagte sie und lachte.

Eines Tages war Frank selbst am Apparat. Er erzählte von seiner ersten Reise nach China und den eher kontroversen Gesprächen, die er dort geführt hatte. „Ich weiß jetzt", sagte er, „warum ich mit meinen Plänen nicht durchgekommen bin. Es genügt nicht, dass man als Partei die Mehrheit hat. Wenn man grundsätzliche Reformen will, braucht man eine Mehrheit der Bürger, die das unterstützt. Dafür muss man werben. Das tue ich jetzt."

Er wurde Mitherausgeber einer angesehenen politischen Monatsschrift und machte sie zum Sprachrohr seiner Reformideen. „Jetzt melden sich schon wieder seine alten Parteifreunde und sagen unter der Hand, dass sie damals, als sie ihm die Gefolgschaft verweigerten, leider auf die falschen Ratgeber gehört hätten", erzählte mir Katja eines Tages. „Wenn er wolle, könne er sofort wieder Spitzenkandidat werden, sagen sie. Aber Frank lacht nur und sagt, man steigt nicht zweimal in denselben Fluss“.

29

Bei den nächsten allgemeinen Wahlen, etwa ein Jahr nach Franks Rücktritt, fuhr seine Partei eine krachende Niederlage ein. Sie blieb bei einem Verlust von etwa 12 Prozent der Stimmen zwar stärkste Partei, musste aber in die Opposition gehen, weil zwei der bisherigen Oppositionsparteien zusammen die Regierung bilden konnten.

Bei den Umfragen vor der Wahl zeigte sich, dass Frank immer noch außerordentlich populär war. Er lag weit vor allen Spitzenkandidaten der anderen Parteien, auch wenn jeder wusste, dass er nicht zur Wahl stand. Dagegen erhielten seine umweltpolitischen Vorstellungen nur geringe Zustimmungswerte. Er wurde also offenbar von der Öffentlichkeit nicht mit ihnen in Verbindung gebracht.

Aus dem Wahlkampf hielt er sich vollständig heraus, auch wenn viele Kandidaten und Parteigliederungen nach seiner Unterstützung riefen. „Ich würde meinen Nachfolgern einen schlechten Dienst erweisen, wenn ich jetzt in der Öffentlichkeit aufträte“, sagte er. „Sie würden vielleicht ein paar Stimmen gewinnen, aber dafür würde sich die Spaltung in der Partei noch weiter vertiefen.“

In allen Wahlanalysen wurde hervorgehoben, dass das Wahlergebnis eine „Ohrfeige für die Partei“ sei, die „ihren besten Mann in die Wüste geschickt hat.“ Dabei vergaßen die Schreiber, dass sie selbst die Vorschläge, die Frank gemacht hatte, seinerzeit für „naiv und undurchführbar“ erklärt hatten.

Am Wahltag hielt Frank einen Vortrag vor indischen Parlamentariern und war deshalb für Interviews nicht verfügbar. Aber er hatte sich nach seinem Rückzug auch jedem anderen Interview-Wunsch verweigert.

30

Frank starb überraschend im Alter von 54 Jahren an einem Herzinfarkt. Er war von einer langen Vortragsreise aus Australien und Asien zurückgekommen und hatte vorgehabt, mit Frau und Tochter für zwei Wochen auf einer kleinen schwedischen Insel Urlaub zu machen. Da fand ihn Katja einen Tag vor Beginn der geplanten Reise, als sie von einer Besorgung zurückkam, über seinem Schreibtisch zusammengesunken. Der Notarzt konnte nur noch den Tod feststellen.

Ich fuhr sofort in die Hauptstadt, um Katja beizustehen, so gut ich konnte. Sie war gefasst. „Ich wusste schon länger, dass sein Herz nicht gesund war. Aber er wollte und konnte sich nicht schonen. Er habe noch eine Mission zu erfüllen, sagte er, und da müsse er jede Stunde nützen, die ihm noch bleibe. Ich habe mich gefreut, dass er sich endlich einmal zu einem Urlaub entschlossen hatte – es war der erste, seit wir heirateten. Aber nun ist es besser, dass er hier gestorben ist und nicht auf einer einsamen Insel."

Die Meldung vom Tod des früheren Regierungschefs beherrschte die Zeitungen mehrere Tage lang. Es wurden ausführliche Würdigungen veröffentlicht, umfangreiche Lebensläufe, ganze Abhandlungen über seine Verdienste und Leistungen. Dabei tauchten auch schüchterne Andeutungen auf seine Reformpläne auf, die man bisher meist verschwiegen hatte. Ein Wirtschaftsprofessor vermeldete, dass man nach gründlicher Analyse seiner Gesetzesentwürfe inzwischen dazu neige, ihre Praxistauglichkeit zu bejahen. Die politischen

Gegner, auch die in seiner Partei, fanden alle irgendetwas Positives, das sie würdigen konnten. Mir fiel auf, dass keine persönlichen Berichte früherer Weggefährten darunter waren. Persönliches hatte Frank immer fest in sich verschlossen gehalten, und außer mir für seine frühen Jahre und Katja für die letzte Zeit hätte niemand etwas zu berichten gehabt.

Zahlreiche Besucher sagten sich an. Katja ließ mitteilen, dass sie für den Besuchswunsch danke, aber darum bitte, man möge ihr Bedürfnis nach Ruhe und Sammlung respektieren. Nur den Staatspräsidenten konnte sie nicht abwimmeln. Er kam zwei Tage nach Franks Tod ohne großes Gefolge und brachte einen mächtigen Trauerstrauß mit. Katja bat mich, bei dem Gespräch anwesend zu sein. Natürlich kam die Rede auch auf das Staatsbegräbnis, das man, wie der Präsident betonte, einem so verdienten Diener des Volkes schuldig sei. Frank hatte in seinem Testament festgehalten, er wünsche nach seinem Tod keine besonderen Aufmerksamkeiten des Staates. „Liebe gnädige Frau", sprach der Präsident, als Katja auf Franks Wunsch hinwies, „wir verstehen den Wunsch Ihres verstorbenen Gatten und Ihren eigenen Wunsch sehr wohl. Aber bitte respektieren Sie, dass auch wir als das Gemeinwesen, dem er mit großem Einsatz und, das darf ich sagen, mit Erfolg gedient hat, uns von unserem Freund würdevoll verabschieden wollen. Wir werden auf alle Vorschläge, die Sie in Bezug auf die Feier machen, selbstverständlich Rücksicht nehmen, aber das Staatsbegräbnis können Sie uns nicht verbieten."

Am nächsten Tag kam eine Dame aus dem Stab des Präsidenten mit einem dreiseitigen Entwurf für die Gestaltung der Trauerfeier. Da gab es ein Streichquartett mit einem Schubert-Satz, eine Kammerphilharmonie mit einer ganzen Sinfonie von Haydn, den Gedichtvortrag eines bekannten Staatsschauspielers, und dann natürlich Reden. Acht Grußworte, die Reden des Staatspräsidenten und des zuständigen evangelischen Bischofs. Der katholische Bischof, Sprecher der Juden und der Muslime fanden sich bei den Grußworten.
Katja schüttelte den Kopf. „Das Programm dauert, so wie Sie es entworfen haben, mindestens drei Stunden. Das halte ich nicht durch. Ich bitte sie, reduzieren Sie die Grußworte auf vier, jeweils höchstens zehn Minuten, das sind dann schon kleine Reden, und einen dieser Redner möchte ich selbst benennen." Die Frau versuchte mit allen Mitteln, ihren Programmentwurf wenigstens in wesentlichen Teilen durchzusetzen, aber Katja blieb fest. „Dann müssen Sie die Feier ohne mich durchführen." Das gehe natürlich auf keinen Fall. Sie habe ja Verständnis für den Wunsch der Witwe, aber da müssten doch auch andere Rücksichten genommen werden. „Sie kennen meine Entscheidung. Und was die Musik betrifft, so möchte ich den Feuerwehrchor aus unserer gemeinsamen Heimatstadt einladen. Was er singt, bespreche ich mit dem Chorleiter."
Am nächsten Tag kam per Fax ein neuer Programmentwurf. Als Redner waren benannt der Parlamentspräsident, zugleich als Sprecher von Franks Partei, der Staatspräsident, der Regierungschef und „N.N." Das Schubert-Streichquartett hatte man am Anfang stehen

lassen, in Klammer fand sich der Zusatz „6,5 Minuten“, nach der Rede von „N.N.“ sollte der Chor singen. Den Schluss machte ein Gebet des Bischofs. “Das kann ich akzeptieren“, sagte Katja. „Den Schubert lassen wir, ich mag ihn eigentlich auch, und ein Streichquartett ist ja nicht so pompös.“ Wen sie als „N.N.“ einladen wollte, verriet sie nicht. „Du wirst schon sehen.“

Der Festakt fand im Plenarsaal des Parlaments statt. Katja saß mit ihrer Tochter und mir als ihren nächsten Angehörigen in der Mitte, der Rednertribüne gegenüber. Franks Schwester mit ihrer Familie, die Familien unserer Zwillingsgeschwister und Karl Eichwanger mit seiner Frau in der zweiten Reihe hinter uns. Neben Katja nahm der Staatspräsident Platz, neben mir Ministerpräsident und Parlamentspräsident. Die Angehörigen des Parlaments waren vollständig versammelt, das diplomatische Korps, die Mitglieder der Provinzregierungen, Vertreter der gesellschaftlichen Gruppen, Gewerkschaften und Religionsgemeinschaften. Links vom Podium hatte sich das Streichquartett aufgebaut, rechts der Feuerwehrchor, dem schon unsere Väter angehört hatten. Einen Augenblick glaubte ich das Gesicht von Simon Bernauer zu erkennen, aber es verlor sich augenblicklich in der Menge. In der Eile sah ich ein paar bekannte Gestalten aus Wissenschaft und Kultur vorbeihuschen, Nobelpreisträger, Schriftsteller und Künstler.

Im gedruckten Programm war als letzter Redner ein „Freund der Familie“ angekündigt. Man hatte sich Katjas Wünschen weitgehend gefügt. Die Reden waren kurz und so verschwommen, wie das bei solchen Gelegenheiten die Regel zu sein scheint. Keiner der Redner überschritt die ihm gesetzte Zeit. Schließlich kündigte der Parlamentspräsident, der die Veranstaltung auch moderierte, Herrn Professor Dr. Bernauer als Freund der Familie an. Also hatte ich mich nicht getäuscht. Trotzdem war ich überrascht, dass Katjas Wahl gerade auf ihn gefallen war. Und noch mehr überraschte mich der Anfang seiner Rede:

„Meine erste Begegnung mit Frank Welzin war ein Zusammenstoß. Durch Hinweis auf meine jüdische Herkunft verhinderte er meine Wahl zum Schülersprecher unserer Schule. Statt meiner gewann er die Wahl. Nach diesem für mich sehr enttäuschenden Ereignis erlebte ich ihn in einer Fähigkeit, die, wenn ich recht sehe, seine ganze politische Laufbahn gekennzeichnet hat. Er kam auf mich zu und bat mich um meine Mitarbeit. Zwar weigerte ich mich, in sein Team einzutreten, aber er ließ nicht ab, meine Nähe zu suchen und meine Meinung zu erkunden. Ich wurde sein Freund und sein Bewunderer." Macht zu gewinnen, sagte Simon, sei die Antriebskraft seines Lebens gewesen. Aber er habe immer klar unterschieden zwischen den Symbolen der Macht und ihrem eigentlichen Charakter, nämlich der Fähigkeit, Verhältnisse zu gestalten und zu verändern. „Darum ging es ihm, und das war ihm wichtiger als eine öffentliche Stellung, die Macht vorgibt, aber nur erhalten werden kann, wenn man sie nicht ausübt. Wir haben erlebt, dass sein Wille zur Gestaltung mit dem Verlust seines Regierungsamtes nicht endete, und wir werden erleben, dass sie auch seinen Tod überdauert."

Simons Rede hatte kaum fünf Minuten gedauert, aber er hatte mehr gesagt als alle seine Vorredner zusammen.

Unser Feuerwehrchor stellte sich auf. „Und wieder geht ein schöner Tag zu Ende“. Wie kam Katja auf dieses Lied? Das passte doch eigentlich gar nicht auf eine Trauerfeier. Doch als der Chor an die Schlusszeile kam: „denn dieser schöne Tag geht nun zu Ende, schlafe süß, mein Liebling, gute Nacht“, und als ich sah, dass Tränen über ihr Gesicht liefen, da verstand ich den Gruß, den sie ihrem geliebten Frank nachsandte.

31

Simon Bernauer behielt Recht. Bald nach Franks Tod bemühten sich mehrere Verlage um eine Ausgabe seiner Reden. Er schien das geahnt zu haben, denn er hatte nicht nur alle seine Parlamentsreden, sondern auch die Ansprachen, die er zu verschiedenen Gelegenheiten und vor allem nach seinem Rücktritt gehalten hatte, sorgfältig gesammelt. Zusammen mit Katja und Simon ging ich die Texte durch. Es gab nicht viel zu redigieren, hier und da musste man ein paar Notizen hinzufügen, um den Anlass der Rede zu erklären, ein paar sehr aktuelle Anspielungen ließen wir aus. Es entstand ein Band von beinahe 400 Seiten. Er erschien sofort auf den Bestsellerlisten und hielt sich dort mehrere Monate lang im oberen Drittel.

Der Verlag wollte eine Biographie nachschieben und engagierte einen bekannten Journalisten dafür. Er führte ausgedehnte Gespräche mit Katja und mir, auch Simon trug sein Teil dazu bei, und viele andere frühere Weggefährten und Mitarbeiter kamen zu Wort. Auch dieses Buch wurde ein beachtlicher Erfolg. Für ihre Mitwirkung bezog Katja auch aus dieser Biografie Tantiemen.

Mit den Einnahmen aus beiden Büchern gründete sie die „Frank-Welzin-Stiftung für innovative Politik“. Firmen und zahlreiche Persönlichkeiten leisteten einen Beitrag zum Stiftungskapital, sodass es möglich wurde, aus den Kapitalerträgen Arbeitsstipendien an Doktoranden zu vergeben und jährlich einen Studientag durchzuführen. Frank hatte in seiner letzten Zeit nicht nur im-

mer wieder seine Reformideen zur Umweltpolitik dargestellt, sondern auch Vorschläge zu Reformen in anderen Politikfeldern formuliert.
Die Presse sprach vom ersten und wichtigsten „Think-Tank“ des Landes, und tatsächlich gelangten viele von Franks Initiativen über die wissenschaftliche und öffentliche Diskussion in die Gesetzesentwürfe des Parlaments und von da, oft in kleinen Schritten, in die politische Alltagswirklichkeit.
Während ich diesen Bericht abschließe, berät das Parlament über die Anträge, die es seinerzeit zusammen mit der Vertrauensfrage abgelehnt hatte, und die Aussichten, dass sie Gesetzeskraft erlangen, stehen nicht schlecht.

Die Tochter

Das Modell der „Dreierwahlkreise" stammt von Prof. Dr. Ernst Wrage (†), der es in den sechziger Jahren entwickelte und propagierte.

1

Alle wollen immer über meinen Vater mit mir reden. Journalisten, die sowieso, auch schon die Lehrer an meiner Schule, die Kommilitonen und Professoren an der Universität, die Freunde und Kollegen. „Du bist doch – Sie sind doch". Ja doch, ich bin die Tochter von Frank Welzin, der acht Jahre lang Ministerpräsident unseres Landes war, davon sechs Jahre mit absoluter Mehrheit regiert hat, und der durch einen unnötigen Vertrauensantrag sein Amt verspielte. Allerdings meinen jedenfalls Mark, das ist der älteste Bruder meiner Mutter, und Simon, der beste Freund beider, dass er nach seinem Rücktritt einflussreicher gewesen sei als vorher.

Ich verstehe natürlich, dass alle mit mir über meinen Vater reden wollen. Aber ich habe ihn doch kaum gekannt. Als ich geboren wurde, war er schon Regierungschef. Da gab er mir abends, wenn er nicht zu spät aus seinen Amtsräumen in unsere Wohnung heraufkam, noch einen Gute-Nacht-Kuss. Aber oft genug wartete ich vergeblich, wenn er abends eine Sitzung hatte oder auf Staatsbesuch im Ausland war. Und als er starb, war ich gerade acht geworden.

Ich erinnere mich noch gut an die Trauerfeier im Parlamentssaal. Ich saß zwischen Katja, meiner Mutter, und Mark, der die Feier in seinem Buch über meinen Vater geschildert hat. Es stimmt nicht alles, was er da schreibt. Es gab fünf Reden, und nicht nur vier. Wer der fünfte Redner war, weiß ich nicht. Und der Bischof sprach nicht nur ein Gebet, sondern las noch einen merkwürdigen Text aus einem Buch. Ich habe natürlich das

meiste nicht verstanden, und eigentlich war es mir langweilig, aber da war doch eine ganz merkwürdige Stimmung, die mich erstaunte und beschäftigte.
Dass Papa tot war, hatte ich wohl gehört und irgendwie in mein Bewusstsein aufgenommen. Dass er nicht mehr bei uns war, war mir auch klar geworden. Aber warum das so war, und dass er nie mehr zurückkommen würde, das habe ich erst in den Wochen und Monaten nach der Beerdigung allmählich begriffen.
Bei allem Verständnis für die Fragen nach meinem Vater – ich bin schließlich nicht nur seine Tochter, sondern ein eigener Mensch. Sehr bald wollte ich nicht mehr Welzin heißen. Ich habe gar nichts gegen den Namen. Er stammt von einem russischen Vorfahr, der vor vielen Generationen in unsere wolgadeutsche Familie geheiratet hat. Doch mit diesem Namen stieß ich jeden, mit dem ich zu tun hatte, einfach mit der Nase darauf, dass ich etwas mit dem „berühmten Welzin“, dem „Staatsmann unserer Epoche“, oder wie auch immer die Beiwörter lauten, zu tun hatte. Ich hätte meinen Namen ändern lassen können, aber das erschien mir zu aufdringlich. Stattdessen wählte ich den einfacheren Weg und heiratete früh. Seither bin ich Alisa Rotbauer, das klingt ja auch ganz ordentlich. Aber es half nichts, kein Zeitungsbericht erwähnt meinen Namen ohne den Zusatz „die Tochter von Frank Welzin.“
Also werde ich wohl damit leben müssen, dass ich Tochter bin, auch wenn ich bis heute immer wieder versucht habe, noch jemand anderes zu sein. Als mein kleiner Sohn Frank-Jacob gerade in die Schule gekommen war, erzählte er mir ganz stolz von seinem „ge-

rühmten“ Großvater und fragte im Ernst, ob er nicht auch Welzin heißen könnte.

2

Vielleicht haben es Enkel mit einem berühmten Großvater leichter als Töchter mit ihren Vätern. Im Kindergarten hatte ich noch kein Problem damit. Auch die Eltern der anderen Kinder waren in der Regierung beschäftigt. Da war der Sohn der Gesundheitsministerin, die Zwillinge eines Staatssekretärs, und selbst wenn der Vater Referent in einem Ministerium oder die Mutter Sekretärin eines Abteilungsleiters war, gehörten die Kinder irgendwie dazu.

Aber in der Schule wurde das anders. Zwar war, als ich eingeschult wurde, mein Vater gerade von seinem Amt zurückgetreten, weil er die Vertrauensabstimmung über die Gesetze zur Verkehrspolitik verloren hatte, aber das machte die Sache eher noch schlimmer für mich, weil alle Welt über den Fall redete, und das lange Zeit. Meine Mitschüler waren mir gegenüber merkwürdig zurückhaltend. Später erzählte mir eine Freundin, ihre Eltern hätten ihr eingeschärft, sie solle sich nicht „an mich drängen“, ich könnte das falsch verstehen. Später lachten wir über solche Ideen, aber für mich als Sechsjährige war es schwer, Freunde zu finden. Als ich zu meinem siebten Geburtstag ein paar Mädchen aus meiner Klasse, die mir gefielen, einladen wollte, sagten die meisten ab, und dann meinten auch die beiden Übriggebliebenen, allein trauten sie sich nicht zu mir nach Hause. Natürlich lud mich auch niemand zu sich ein. Das änderte sich nach ein paar Jahren, aber auf dem Gymnasium gab es erst wieder eine solche Zeit der Zurückhaltung. Da lebte mein Vater nicht mehr, und deshalb

meinten wohl alle erst recht, sie müssten behutsam mit mir umgehen.
Auch die Lehrer verhielten sich mir gegenüber merkwürdig. Sie kritisierten mich nie, auch wenn ich mal faul gewesen oder meine Aufgaben nicht gemacht hatte. Aber sie hielten auch alle Noten unter "zwei" für meiner unwürdig und ließen mich das deutlich spüren, wenn ich etwa nach einem Französisch-Diktat „nur“ befriedigend bekommen konnte. Ich reagierte mit Frechheit. Aber sie ließen sich nie provozieren. Es war ja klar, dass die Tochter dieses Vaters anders sein musste als gewöhnliche Schüler, und da nahm man eben Rücksicht. Und das reizte mich umso mehr, und ich versuchte herauszufinden, wie weit ich gehen könnte.
Bei einem Klassenausflug war es mir zu heiß geworden, und ich erklärte, ich würde den Aufstieg auf den Hexentanzplatz nicht mitmachen und im Schatten auf die Rückkehr der Klasse warten. Aber ich war erst fünfzehn, und der Lehrer durfte mich nicht ohne Aufsicht lassen. Er befahl mir nachdrücklich, meinen Widerstand aufzugeben, aber als ich mich weigerte, blieb ihm nichts übrig, als die Bergwanderung abzublasen. Meine Klassenkameraden nahmen mir das nicht übel. Keiner war scharf darauf, erst auf den Berg zu steigen und nachher wieder den ganzen Weg herunter. „Da können wir doch gleich unten bleiben“, sagten sie. Aber unser Oberstudienrat war zutiefst beleidigt. Und als wir uns dann, weil wir auf den Zug warten mussten, in der Bahnhofsgaststätte lautstark aufführten, war ihm klar, dass er ein Exempel statuieren musste, um nicht alle Autorität einzubüßen. Also schickte er mich am Tag

nach dem Ausflug zum Schulleiter. Der Oberstudiendirektor versuchte erst, mir einen begreiflichen Grund für meine aufsässige Haltung zu unterstellen. Er verstehe ja, ich sei schnell gewachsen, vielleicht hätte ich Probleme mit dem Kreislauf oder so etwas. „Nein“, sagte ich, „mein Kreislauf ist in Ordnung und meine Tage hatte ich auch nicht. Ich hatte einfach keine Lust zu einer ganz und gar unnötigen Anstrengung.“ Das versetzte den Mann in einige Verlegenheit. Schließlich entließ er mich mit der Ermahnung, gerade als „Tochter deines Vaters hast du die Pflicht, ein Vorbild zu sein.“

Bestraft wurde ich nie, und die Versetzung schaffte ich auch immer. So ganz konnte ich mir allerdings nicht vorstellen, wie ich zu den Vieren in Physik und Biologie oder den guten Ausgleichsnoten in Latein und Chemie gekommen war. Wirklich Interesse hatte ich an Musik und Bildender Kunst. Ein paar Jahre hatten wir einen Religionslehrer, der auf unsere Fragen zur Religion offen und kritisch einging. Deutsch und Geschichte fand ich erträglich, jedenfalls den Stoff dieser Fächer, nicht so sehr den Unterricht. Ein richtiger Star war ich nur in Mathematik. Ich tüftelte gern an verzwickten Textaufgaben herum, und in der Darstellenden Geometrie erlebte ich richtige Sternstunden. Trotzdem kam ich auch hier nie über eine drei im Zeugnis, weil ich mindestens eine Klassenarbeit vergeigte.

Katja, meine Mutter, sah dieser Entwicklung mit einiger Sorge zu, aber sie vermied es, mir ins Gewissen zu reden. Das fand ich großartig, und nur, um sie nicht zu enttäuschen, legte ich mich in den drei letzten Jahren vor dem Abitur richtig ins Zeug. Zwar hatte ich Lücken, die ich nicht mehr schließen konnte, aber mein Gesamtzeugnis war so gut, dass mein Klassenlehrer mich für die Rede vorschlug, die ein Abiturient auf der Abschlussfeier zu halten hatte. Das aber lehnte ich kategorisch ab. Nein, ich wollte auf keinen Fall nachher hören, da sei ich ganz die Tochter meines berühmten Vaters gewesen.

Als ich mein Studium begann, dachte ich, auf der Universität werde es viel anonymer zugehen als in der Schule, und da würde keiner so schnell merken, wessen Tochter ich bin. Aber da täuschte ich mich. Kein Professor, in dessen Sprechstunde ich aus irgendwelchem Grund auftauchte, versäumte es, mir seine Hochachtung für meinen Vater auszusprechen. Ich verstand schnell, dass jeder alles tun wollte, um auch mir zu einem angemessenen Erfolg zu verhelfen. Aber gerade das wollte ich nicht. Ich wollte den Erfolg, aber ich wollte ihn meiner Leistung und nicht meinem toten Vater verdanken.

3

Mit der Wahl meines Studienfaches tat ich mich schwer. Zuerst versuchte ich es mit Mathematik. Aber schon nach einem Semester gab ich das Fach auf. Die Mathematik der Universität hatte wenig zu tun mit der Mathematik der Schule. Auch merkte ich, dass es gar nicht leicht sein würde, als Mathematiker einen Beruf zu finden. Außer als Spezialisten bei Versicherungen braucht man Mathematiker höchstens in der Wissenschaft. Dafür würde meine Begabung nicht reichen, und Versicherungen lockten mich nicht. Blieb die Schule, aber da war ich noch zu nahe dran. Nein, als Lehrerin mochte ich mir mich nicht vorstellen.
Dann versuchte ich es mit der Kunst. Die Aufnahmeprüfung an der Akademie bestand ich. Womöglich hatte ich das auch dem Namen meines Vaters zu verdanken. Ich hatte mich für den Bereich Grafik beworben, aber da stieß ich auf dieselben Probleme wie bei der Mathematik. Ein kreativer Künstler war ich nicht, das merkte ich schnell, und als Werbegrafiker hätte ich immer nur in fremdem Auftrag tätig sein können.
Schließlich landete ich in der Politischen Wissenschaft. Dorthin hatte mich Matthias Rotbauer gelockt, mit dem ich damals befreundet war und den ich dann ja auch heiratete. Und plötzlich merkte ich, dass ich genau das tat, was alle Welt von mir als der Tochter von Frank Welzin erwartete. Aber als mir das klar wurde, war schon das halbe Semester vorbei. Den Luxus eines weiteren Fachwechsels wollte ich mir nicht leisten und blieb bei der Politologie.

Alle Professoren gingen davon aus, dass ich mein Studium „natürlich“ mit einer Promotion abschließen würde. Als ich von meinem Auslandsstudium zurückkam, machte mir einer von ihnen den Vorschlag, eine Dissertation über „Die Parteiorientierung von Frank Welzin“ zu schreiben. Das sei doch, gerade wenn man das Ende seiner Regierungszeit betrachte, eine spannende Aufgabe. Vielleicht könne ich auch auf Aussagen von Angehörigen und Freunden zurückgreifen, an die ein anderer schwer herankommen würde. „Ihr Vater“, sagte er, „wird auf längere Zeit ein dankbares Thema für wissenschaftliche Arbeiten bleiben.“

Das konnte schon sein, aber nicht für mich, dachte ich. Ich wollte nicht unhöflich sein, deshalb gab ich zu bedenken, dass ich die Zeit, über die ich hätte arbeiten sollen, nicht oder nur als kleines Kind miterlebt habe. Auch sei die politische Orientierung meines Vaters nie ein Thema in den Gesprächen der Familie und der Freunde gewesen. Ich fragte, ob es nicht möglich sei, einen der Vorgänger meines Vaters, Walther Kleißling, zum Gegenstand einer Doktorarbeit zu machen. „Die Sozialpolitik der Regierung Kleißling in der wirtschaftlichen Krise von 1965“. Der Professor stimmte zögernd zu. „Auch kein schlechtes Thema“, sagte er. „Schreiben Sie mal einen möglichen Aufriss.

Erst bei der Arbeit an den Quellen merkte ich, dass ich wieder meinem Vater auf der Spur war. Kleißling hatte genau die Politik gemacht, die mein Vater während seiner Regierungszeit deutlich verändert hatte. Jetzt noch einmal in die Sprechstunde gehen und das Thema zurückgeben, nein, das wäre mir zu demonstrativ vorgekommen, und also recherchierte ich ein paar Monate in den Archiven von Parlament und Regierung und lieferte schließlich ein ganz passables Werkchen ab, das mit „magna cum laude“ ein bisschen zu gut bewertet wurde. Der erste Vorschlag meines Professors beschäftigte mich nebenher weiter, und einige Jahre danach habe ich das Thema in einem eigenen Buch bearbeitet. Davon kann ich später noch berichten. Aber bevor ich die Erinnerungen an mein Studium verlasse, hat Matthias Rotbauer noch ein paar Seiten verdient. Schließlich verdanke ich ihm meinen jetzigen Namen und meinen Sohn.

4

Er war der Bruder von Vanessa Rotbauer. Ich lernte sie im mathematischen Seminar kennen, als ich dort vergeblich versuchte, eine Aufgabe aus meinem Proseminar zu lösen. Sie muss mir wohl angesehen haben, dass ich mit dem Problem nicht zurechtkam und fragte, ob sie mir helfen könne. Sie war ein paar Jahre älter als ich und schrieb an der Hausarbeit für das Vordiplom. Wir mochten uns, und einige Tage später lud sie mich zu einer kleinen Fete in ihre WG ein. Dort traf ich noch ein paar Mathematikerinnen. Es gab nicht so viele von uns, deshalb hielten wir zusammen und unterstützten uns bei dem Versuch, in dieser traditionellen Männerdomäne unseren Platz zu behaupten. Aber die Mädchen hatten auch ein paar Jungs eingeladen, darunter eben Vanessas Bruder Matthias. An die anderen erinnere ich mich nicht mehr, denn Matthias belegte mich gleich voll mit Beschlag.

Er war zwei Jahre älter als ich, aber jünger als seine Schwester. Er erzählte ganz begeistert von seinem Politik-Oberseminar. Sie untersuchten gerade den Zusammenhang zwischen der jeweiligen Wirtschaftspolitik und verschiedenen gesellschaftlichen Tendenzen, wie die Einstellung gegenüber Fremden oder die Entwicklung des Umweltbewusstseins. „Du ahnst gar nicht, wie stark eine marktradikale oder gewerkschaftlich orientierte Regierung das öffentliche Bewusstsein prägt“.

Das Thema interessierte mich nicht sonderlich, aber der Enthusiasmus, mit dem er davon sprach, machte mir Eindruck.

Matthias war groß und sportlich, er sprach ziemlich laut, hatte aber eine angenehme Stimme. Er fragte, ob er mich zum Politologenball einladen dürfe. „Ihr macht einen Ball? So was gab's doch zuletzt in den Siebzigern!" Er lachte. „Das ist eher eine Disco", meinte er, „aber wir nennen es Ball. Bei uns gibt es eine richtige Retro-Stimmung. Aber die ist nur ganz vordergründig. Du kannst ruhig in Jeans und T-Shirt kommen."
Ich ging hin. Es war laut, aber eigentlich gefiel es mir. Matthias stellte mich einigen seiner Kommilitonen vor. Von denen jedenfalls sah er am besten aus. Ein paar Frauen hatten sie auch dabei. Mir war gar nicht klar, ob das auch Politologinnen waren oder Gäste wie ich. Ich hatte Matthias vorher gebeten, mich nur mit meinem Vornamen vorzustellen. Daran hielt er sich auch. Das sind Leute, dachte ich, die sich auch fachlich mit meinem Vater beschäftigten, aber sie müssen nicht wissen, dass ich seine Tochter bin.
Danach sah ich Matthias öfter. Er kam zu unserem Künstler-Karneval, wir gingen zusammen in ein neues Theaterstück, das sich mit der Integration von tibetischen Flüchtlingen beschäftigte, oder auch mal zu einem Rock-Konzert. Als ich ihm erzählte, dass ich nicht bei der Kunst bleiben wolle, meinte er, ich solle doch einfach zu ihm in die Politische Wissenschaft wechseln.
„Was kann ich dann später damit anfangen?" fragte ich.
„Du kannst Journalistin werden, Assistentin eines Abgeordneten, Mitarbeiterin in allen möglichen gesellschaftlichen Vereinigungen, also Lobbyistin, wenn du willst. Eigentlich stehen einem als Politologen alle Wege offen."

Ich ging ein paar Mal mit in eine seiner Vorlesungen. Der Stoff und der Stil gefielen mir, also wechselte ich in meinem dritten Semester endlich in das richtige Fach. Aber da hatten wir uns schon so aneinander gewöhnt, dass wir uns täglich sahen, unsere Freizeit zusammen planten und oft auch nachts zusammen blieben.
In den Semesterferien überfiel mich plötzlich der Gedanke, dass ich unmöglich unter dem Namen Welzin ein Studium der Politikwissenschaft anfangen könne. Alle Welt würde mich ständig auf meinen Vater ansprechen, alle würden alles Mögliche über ihn wissen wollen, weil sie sich in irgendeinem Seminar auch mit ihm beschäftigten. Mein erster Gedanke war Flucht. Am besten sollte ich mich bei den Medizinern einschreiben, die würden mich eher in Ruhe lassen. Aber wollte und konnte ich wirklich Ärztin werden? Und was würde Matthias sagen? Als ich ihm dann am Abend, als er von seinem Ferienjob zurückkam, von meinen Bedenken erzählte, etwas ruhiger und ohne das vorherige Panikgefühl, lachte er und sagte: „Du musst einfach deinen Namen ändern." Und nach einer Weile, mit einem spitzbübischen Lächeln: „Heirate mich. Als Alisa Rotbauer wird dich niemand mit Frank Welzin in Verbindung bringen."
Es klingt verrückt. Am nächsten Morgen schon bestellten wir die Trauung auf dem Standesamt. Erst danach besuchte ich meine Mutter und weihte sie schonend in die neue Lage ein, und tatsächlich heirateten wir eine Woche vor Beginn des neuen Semesters. Wir feierten mit den beiden Familien in irgendeinem entlegenen Gasthof, und die Presse erfuhr nichts davon.

Ich frage mich noch heute, wie Matthias das geschafft hat. An Heiraten hatte ich nie gedacht. Oder doch nur an etwas, das in weiter Ferne lag. Er muss mich damals völlig beherrscht haben, ohne dass ich etwas davon merkte. Er hat so eine suggestive Art. Bald nach unserer Scheidung hat er wieder geheiratet, diesmal die Tochter eines Parlamentsabgeordneten, und jetzt verwaltet er dessen Wahlkreisbüro. Kein toller Job, aber erst mal sicher. Und wenn sein Schwiegervater nicht mehr im Parlament sitzt, gibt es genügend Verbindungen, die ihm zu einer ähnlichen Stelle verhelfen können. Mich jedenfalls hatte er damals fest an seinem Zügel, und ich tat, was er wollte.

Ich war erst einmal im siebten Himmel. Jetzt machte mir das Studium Spaß. Ich ging in meine und seine Vorlesungen, machte ein paar Seminare, aber da merkte ich schon, dass der Trick mit dem neuen Namen nicht verfing. Bei der Einschreibung musste ich meinen Geburtsnamen angeben, und da hat wohl die Sekretärin im Rektorat nicht dicht gehalten. Jedenfalls die Professoren wussten Bescheid, und bald sprach es sich auch unter den Studenten herum, dass ich die Tochter „des berühmten Welzin“ sei. Viele hielten eher Distanz, andere sprachen mich aufdringlich auf meinen Vater an. Das mochte ich nicht, aber auch mit dem Abstand, den die anderen hielten, war ich nicht einverstanden. Warum konnte ich nicht mit allen den allgemein üblichen Umgang haben?

Ich hatte ja noch meinen Mann, und wenigstens an den Abenden und Wochenenden ließen wir es uns gut gehen, gingen ins Theater oder fuhren in eine andere

Stadt, wo etwas los war. Es war gerade Wahlkampf, und da suchten die Parteien Mitarbeiter unter den Studenten. Wir machten in einem Büro mit, es war übrigens nicht die Partei meines Vaters, und wenn es auch meist dröge Schreibtischarbeit war, so ließen wir uns doch in die Spannung einer solchen Zeit hineinziehen.

Aber in diesen Wochen bekam meine Ehe auch ihren fatalen Knacks. Als wir nach einer Wahlversammlung mit einem prominenten Abgeordneten spät abends in unserer kleinen Wohnung zur Entspannung eine CD auflegten, fragte mich Matthias, ob ich daran denke, was heute für ein Tag sei. Ich sah ihn verständnislos an. „Heute vor einem Jahr haben wir uns bei Vanessas WG-Fete zum ersten Mal gesehen", sagte er mit seinem bezauberndsten Lächeln. „Da hat das mit uns beiden angefangen. Und weißt du auch, wem du das verdankst?" „Deiner Schwester?" „Mir! Als sie mir erzählte, dass sie die Tochter von Welzin kennen gelernt hatte, gab ich keine Ruhe, bis sie die Party schmiss und uns beide zusammenbrachte."

Mir stieg alles Blut in den Kopf. Ich sah das Zimmer und meinen Mann nur noch als Schatten. Als sich das Bild wieder aufhellte, stand ich auf und schlug Matthias mitten ins Gesicht. Ich schlug nicht hart, ich wollte ihm nicht weh tun, ihn nicht verletzen, aber er sollte spüren, dass er eben meine schönste Illusion zerrissen hatte. Er sah mich ungläubig an, er sah auf einmal aus wie ein kleines Kind, er wollte etwas sagen, aber ich ging in das andere Zimmer und schloss die Tür hinter mir zu. Dann erst kamen mir die Tränen, ich warf mich aufs Bett und heulte los.

Später hörte ich an der Tür klopfen. Ich rief mit halblauter Stimme: „Schlaf auf dem Sofa. Ich seh dich morgen früh."
Irgendwann bin ich eingeschlafen. Mit dem ersten Morgenlicht wachte ich auf. Ich hatte noch alle meine Kleider an. Ich wusste nur, irgendetwas war passiert, und es hatte mit Matthias zu tun. Ich schloss leise auf und schaute in das Zimmer. Matthias saß im Sessel und schlief. Ich schlich mich ins Bad, zog mich aus und duschte. Als ich zurück kam, war er aufgewacht und sah mich aus verschlafenen Augen an.
„Was war denn gestern Abend mit dir los?" Ich setzte mich in den anderen Sessel und sah ihn fest an. „Hast du nichts gemerkt?" Er schüttelte den Kopf. „Ich habe immer geglaubt, du hättest dich in mich verliebt, weil ich dir gefalle. Und jetzt erfahre ich, dass es dir nur um die Tochter von Welzin ging." Matthias rieb sich die Augen aus und strich sich über sein verstrubbeltes Haar. „Das schließt sich doch nicht aus", sagte er endlich. „Natürlich gefällst du mir, ach was, in bin rasend in dich verliebt. Der Name deines Vaters war doch nur der Initialzünder." „Sonst wärst du gar nicht auf mich aufmerksam geworden?" „Versteh doch bitte nicht alles falsch. Irgendeinen Anlass gibt es doch immer, dass man aufeinander aufmerksam wird. Aber das, was folgt, geht doch weit darüber hinaus." Ich fing an zu verstehen, was er meinte. Er habe also zuerst nur Interesse an der Tochter von Welzin gehabt, dann aber gemerkt, dass ganz unabhängig davon ich eine begehrenswerte Frau sei, und so weiter. Konnte ich das glauben? Jedenfalls für den Augenblick konnte ich ihm nicht widersprechen. Deshalb

strich ich ihm über die Wange und sagte: „Entschuldige, da habe ich wohl zu viel in deine Bemerkung hineingedeutet."

Er war es zufrieden. Und wir glaubten, es könne alles so weitergehen wie es angefangen hatte. Aber da saß doch ein Stachel. Ich konnte nicht unbefangen mit ihm leben ohne mich ständig zu fragen, ob das, was er gerade für mich tat, mir oder der Tochter meines Vaters gelte. Ich war da sicher ungerecht. Aber ich kam aus diesem Zweifel nicht mehr heraus. Und dann fiel mir auf, dass er eigentlich ein recht oberflächlicher Mensch war. Wir hatten beide zu der Zeit keine eindeutigen politischen Präferenzen, wählten mal die, mal eine andere Partei. Aber er tat das jedes Mal mit einem großen Aufwand an ideologischer Schaumschlägerei, während ich einfach neugierig war, wie die Politiker, für die ich gestimmt hatte, ihr Amt ausüben würden. Wenn er links wählte, führte er dauernd Marx und Rosa Luxemburg im Munde, entschied er sich für eine liberale Partei, dann tat er es nicht unter Ludwig Erhard. Wenn wir aus dem Theater kamen, schwärmte er das eine Mal für die überzeugende Neuinterpretation eines Klassikers, ein ander Mal verdammte er das modische Regietheater. Ich hatte da auch keinen klaren Standpunkt, aber mir gefiel es nicht, dass er so tat, als hätte er einen.

Ich hielt es noch ein Jahr aus, dann sagte ich ihm, ich hätte gemerkt, dass unsere Ehe ein Fehler gewesen sei. Es sei schön mit ihm gewesen, aber nun hätten sich unsere Gemeinsamkeiten verbraucht und ich wolle nicht, dass wir für die folgenden fünfzig Jahre in einen seelenlosen Trott verfielen. Er nahm das erstaunlich gelassen.

Er schlug erst einmal eine Trennung vor, aber ich bestand sofort auf Scheidung. Ich mag keine halben Sachen.

In unserer letzten gemeinsamen Nacht wurde ich schwanger.

5

Es fällt mir nicht leicht, das Verhältnis zu meiner Mutter zu beschreiben. Wenn ich zu ihr kam mit einer Frage oder einem Vorschlag, nahm sie sich die nötige Zeit. Aber sie kam selten von sich aus auf mich zu. Das hat mich oft verwundert, aber es war auch nicht unangenehm, dass sie mich mein eigenes Leben führen ließ. Sie hatte spät geheiratet und war fast vierzig Jahre älter als ich. Das fiel mir erst auf, als ich mir überlegte, dass ich Anfang fünfzig sein würde, wenn mein Sohn so alt wäre wie ich jetzt. Sie aber war gerade 72 geworden.
Und dann war sie immer die Frau, später die Witwe von Frank Welzin, auch dann noch, als sie mit Anfang 60 Simon heiratete. Sie hatte bald nach seinem Tod angefangen, die nachgelassenen Aufsätze und Redemanuskripte ihres Mannes zu ordnen und herauszugeben, dann an einer umfangreichen Biographie über Frank Welzin mitgearbeitet, und nun saß sie im Vorstand der "Frank-Welzin-Stiftung für innovative Politik", die sie mit den Geldern, die aus diesen Büchern geflossen waren, gegründet hatte. Sie nahm diese Aufgabe sehr ernst und widmete ihr viel Zeit. Durch die Stipendien und die Tagungen, die die Stiftung finanzierte, gewann sie bald einen bedeutenden Einfluss auf die Politik unseres Landes. Aber das sei gar nicht ihr Einfluss, sondern immer noch der von Frank Welzin, und sie tue nichts, als die Stimme des Toten vernehmbar zu erhalten.
Als mein Vater starb, hinterließ er ein schönes Vermögen, das sich durch seine rastlose Redetätigkeit nach seinem Ausscheiden aus der aktiven Politik angesammelt

hatte. Die Hälfte dieses Geldes stand mir zu. Mark, der Bruder meiner Mutter, der etwas von diesen Dingen verstand, legte es für mich an. Von den Zinsen dieses Kapitals konnte ich als Studentin bequem leben, und ich griff es auch nicht an, als ich mit Matthias verheiratet war. Luxus konnte ich mir nicht leisten, aber danach hatte ich auch kein Verlangen.

Meine Mutter wohnte immer noch in dem Einfamilienhaus am Rande der Hauptstadt, das sie zusammen mit Frank nach dem Auszug aus der Dienstwohnung im Regierungspalais gekauft und eingerichtet hatte. Ich besuchte sie, als ich mich zur Scheidung entschlossen hatte, und dann wieder, als ich meine Schwangerschaft bemerkte. Sie hatte von Anfang Zweifel gehabt, ob meine Ehe mit Matthias eine so gute Idee sei. Sie sagte mir das am Anfang einmal, kam aber nie wieder darauf zurück. Auch jetzt verzichtete sie darauf, mich an ihre anfängliche Warnung zu erinnern und nahm die Sache ganz pragmatisch. „Geh doch am besten jetzt gleich für ein Semester ins Ausland. Das wird schwieriger, wenn du dein Kind hast." Simon, der einige Jahre an einer australischen Universität gelehrt hatte, vermittelte mir einen Studienplatz in Melbourne. Ich legte also erst einmal den halben Erdball zwischen mich und meine jüngste Vergangenheit. Niemand wusste hier etwas von Matthias, und dass sich hinter dem Namen Rotbauer die Tochter von Frank Welzin versteckte, bemerkte keiner. Zwar war der Name meines Vaters unter den Politologie-Studenten nicht ganz unbekannt, er hatte auch in Australien stark beachtete Vorträge gehalten. Erst hier erfuhr ich, dass ihm die Universität, an der ich studierte,

den Ehrendoktortitel verliehen hatte. Aber es fehlten doch die starken Gefühle, die sich in meinem Land immer noch mit meinem Vater verbanden, und die Verehrung gegenüber „denen da oben“ war in Australien ohnehin nicht stark ausgeprägt.
Am Ende des Semesters flog ich in meine Heimat, wo ich meinen Sohn zur Welt brachte, aber ein halbes Jahr später war ich wieder in Melbourne. Ich hatte gesehen, wie vorbildlich die Universität für Kinder ihrer Studenten sorgte, und ich überließ den kleinen Frank-Jacob gern den Erzieherinnen der Universitäts-Nursery.
Ich kehrte in meine Heimat zurück, bevor mein Sohn in die Schule kommen sollte. Ich wollte, dass er hier noch ein Jahr im Kindergarten verbringen könnte. Er war zweisprachig aufgewachsen, aber mir war klar, dass sein Englisch besser war als seine Muttersprache. Das glich sich dann in dem einen Jahr aus, und als er in die Schule kam, hatte er keine Probleme damit. Mein Studium in Australien wurde hier voll anerkannt, und nach einem Semester konnte ich es mit der Diplomprüfung abschließen.
In dieser Zeit hat mir meine Mutter immer geholfen, wenn Frank-Jacob versorgt werden musste, aber sie hat ihn mir nie abgenommen. „Das ist dein Kind, da musst du die volle Verantwortung haben“, sagte sie. Als er dann in die Schule kam, war das alles sowieso einfacher. Wenn nötig, konnte er die Nachmittagsbetreuung in seiner Schule nutzen, und wenn ich wirklich einmal über Nacht verreisen musste, dann holte ihn Simon nach der Schule ab und nahm ihn mit.

6

Simon Bernauer war ein alter Freund meiner Eltern und meines Onkels Mark. Wie es zu dieser Freundschaft kam, beschreibt Mark in seinem Buch über Frank. Er war Professor für organische Chemie in Melbourne, dann an unserer Hauptstadt-Universität und ist schon länger emeritiert. Auf Bitten meiner Mutter hat er bei der Trauerfeier eine kurze Rede gehalten, und danach hat er ihr zusammen mit Mark geholfen, die Reden von Frank herauszugeben. Er war auch von Anfang im Vorstand der Stiftung. Für mich war er immer „Onkel Simon“, bis er mich einmal aufforderte, ihn einfach Simon zu nennen. Damals fing ich an, auch die anderen Verwandten mit ihren Vornamen anzureden, also Mark und Katja zu sagen.

Er stammt aus einer jüdischen Familie. Sein Vater war Geschäftsführer einer mittelständischen Maschinenfabrik und schaffte es noch 1937, nach Bolivien auszuwandern. Dort heiratete er eine tschechische Jüdin. Simon ist das einzige Kind aus dieser Ehe. Die Familie kam Anfang der fünfziger Jahre nach Europa zurück. Seine ganze Schulzeit hat Simon in unserem Land verbracht. Er gehörte zwar zu einer jüdischen Gemeinde, hielt sich aber vom Gemeindeleben fern. „Deshalb“, erzählte er einmal, „habe ich nie eine Frau gefunden. Für die eine war ich zu viel Jude, für die andere zu wenig.“

Als mir Katja eröffnete, sie werde Simon heiraten, war ich zuerst verblüfft. Aber dann fiel mir auf, dass das ein so naheliegender Gedanke war, dass ich vielleicht gerade deshalb nicht darauf gekommen war. Simon zog in unser Haus, das nach meinem Auszug ohnehin zu groß war, und er war immer zur Stelle, wenn ich seinen Rat brauchte. Ich glaube auch, dass die Empfehlung, nach meiner Scheidung ins Ausland zu gehen, in Wirklichkeit von ihm stammte. Er hat mich zusammen mit Katja in Melbourne besucht und ihr dann einige der Sehenswürdigkeiten auf diesem merkwürdigen Kontinent gezeigt. Ich konnte an der Tour leider nicht teilnehmen, dafür war mein Sohn noch zu klein.

Simon gab mir auch den Rat, dass ich mich nach meiner Promotion gleich um eine Habilitation bemühen sollte. Bei den Professoren rannte ich offene Türen ein. Ich bekam ein Thema und eine Assistentenstelle im Politologischen Seminar, und dort konnte ich in Ruhe meine Arbeit über „Die Funktion von Sozialpolitik in marktwirtschaftlich und sozialistisch geprägten Gesellschaften" schreiben. Hatte ich mein Studium bis hin zur Promotion eher spielerisch betrieben, unter dem Motto: Irgendetwas muss man ja tun, bevor das Leben richtig losgeht, so gewann ich bei dieser Arbeit und im Umgang mit Studenten das Bewusstsein dafür, dass das Leben, auf das man wartet, immer schon angefangen hat. Dabei half mir vor allem mein Sohn Frank-Jacob, der inzwischen auf ein Gymnasium ging und, wie alle unsere Freunde versicherten, seinem Großvater immer ähnlicher wurde.

Ich war 32, als ich meine Habilitationsschrift abgab und mich fürs erste nach einer Anstellung umsah.

7

Meine Doktorarbeit hatte ich im Polis-Verlag veröffentlicht. Am Schwarzen Brett hing seit jeher die Adresse, und ich wusste von Kommilitonen, dass die meisten Arbeiten aus dem Seminar dort herauskamen. Als ich meine Dissertation hinbrachte, lernte ich den Chef, Wilhelm Birnthal, kennen. Als das Buch vorlag, es war immerhin das erste, das meinen Namen trug, lud ich einige meiner Freunde, Katja, Simon, Mark und Herrn Birnthal zu einer kleinen Feier in das „Kriton" ein. Als er sich verabschiedete, fragte er, ob ich mir eine engere Zusammenarbeit mit seinem Verlag vorstellen könnte. Wir setzten uns einen Nachmittag zusammen, um die Einzelheiten zu besprechen, aber dann bekam ich die Assistentenstelle und arbeitete an der Habilitation, sodass wir die Sache erst einmal auf Eis legten.

Als diese Zeit vorbei war, stellte ich fest, dass sein Angebot noch bestand, und ich wurde Angestellte des Polis-Verlags. Ich hatte die Aufgabe, vor allem den Kontakt zu den Kunden zu pflegen, und das waren in erster Linie wissenschaftliche Bibliotheken und Politologie-Institute an den Universitäten. Außer den Dissertationen hatte Birnthal eine Reihe bekannter Autoren aus Politik und Politischer Wissenschaft in seinem Verlag, und er lebte davon, dass deren Bücher ziemlich unbesehen von den Kunden im In- und Ausland gekauft wurden. Ich reiste also viel, lernte zahlreiche Fachkollegen kennen und wurde auch immer mal wieder als Mitarbeiter zu fachlichen Konferenzen eingeladen.

Bald merkte ich, worauf es Birnthal abgesehen hatte, als er mich einstellte. Die Frank-Welzin-Stiftung veröffentlichte ihre Tagungsprotokolle in eigener Regie, aber sie vergab auch Publikations-Zuschüsse an junge Wissenschaftler. Die waren frei, ihren Verlag zu wählen, aber, so dachte mein Chef, ein diskreter Hinweis auf die Tochter der Stiftungs-Chefin könne ihm vielleicht zusätzliche Autoren ins Haus bringen. Tatsächlich geschah das auch in bescheidenem Umfang, aber nicht durch meine Empfehlung, sondern einfach durch die Tatsache, dass ich an vielen Veranstaltungen der Stiftung teilnahm.
Die Arbeit füllte mich nicht ganz aus, und deshalb übernahm ich immer mal wieder ein Proseminar oder eine einstündige Vorlesung an meiner Universität. Ich spitzte auch schon die Ohren, ob nicht in dem einen oder anderen Institut, das ich besuchte, eine Stelle frei wurde, da erreichte mich ein überraschender Anruf aus dem Wissenschaftsministerium. Es war die Ministerin persönlich, die mich anrief und mich zu einem Gespräch in ihr Büro einlud.
Erika Bekfurth hatte ich bei einer Tagung unserer Stiftung kennen gelernt. Da die Stiftung die „innovative Politik“ schon in ihrem Namen führte, griff sie immer wieder wirklich heiße Eisen auf. Es war um die Zusammenarbeit zwischen der nationalen Regierung und den Provinzregierungen in Fragen der Schulpolitik gegangen. Die Provinzfürsten achteten peinlich darauf, dass ihre Kompetenz nicht angetastet wurde, aber das Durcheinander von 14 verschiedenen Schulpolitiken in unserem gar nicht so großen Land gab immer wieder

Anlass zu heftigen Auseinandersetzungen. Das Referat „Kooperation" in ihrem Ministerium, das sich um die Zusammenarbeit mit den Provinzen in dieser Frage kümmerte, musste neu besetzt werden, weil der bisherige Referatsleiter in Ruhestand ging. Wolle ich diese Position übernehmen?

Ob sie damit vielleicht Mitarbeiter aus ihrem Haus enttäusche, die sich Hoffnungen auf diese Stelle machten, wollte ich wissen. Da könne sie mich beruhigen, um diese Position reiße sich niemand, sie gelte als schwierig und wenig karrierefördernd. Warum sie glaube, dass ich die Stelle ausfüllen könne. Sie hätte meine Beiträge auf der Tagung mit Aufmerksamkeit gehört und sei sicher, dass ich die nötige Durchsetzungskraft für diese Aufgabe besitze. Ich hatte eigentlich gefürchtet, dass sie wieder auf die erfolgreiche Tätigkeit meines Vaters anspielen würde, aber entweder dachte sie nicht daran oder sie merkte, dass mich das nicht gerade motivieren würde. Ich wandte noch ein, dass ich nicht der regierenden Partei angehöre – es war wieder einmal die Partei meines Vaters – und auch keiner anderen, aber sie sagte, das sei gerade einer meiner Vorzüge, denn die Verhandlungen mit den Provinzkollegen würden dann nicht noch zusätzlich durch parteipolitische Querelen belastet.

Kurz: sie wollte mich für diese Stelle. Ich bat mir ein paar Tage Bedenkzeit aus, lud einen Abend Katja, Simon und Mark in meine kleine Wohnung ein und besprach das Angebot bei einem Glas chilenischen Weins. Das Ende war, dass mir alle drei zurieten, das Angebot anzunehmen. Ich kündigte bei meinem Verlag und trat nach der Sommerpause meine neue Stelle an.

8

Mein Referat war das kleinste im ganzen Ministerium. Außer mir gab es noch einen jungen Mann, der zwei Jahre älter war als ich, und eine Sekretärin, die schon seit zwanzig Jahren an ihrem Schreibtisch saß und demnächst in Ruhestand gehen würde. Die anderen Referate hatten nicht nur mehr Personal, sondern ihre Leiter nahmen auch mit wichtigen Mienen und noch gewichtigeren Beiträgen an den regelmäßigen Konferenzen mit dem Staatssekretär und manchmal mit der Ministerin teil. Für mich hatten sie nur ein wohlwollendes Lächeln. Ich hatte mir vorgenommen, erst einmal zuzuhören und nicht aufzufallen.

Meine Hauptaufgabe bestand darin, zweimal im Jahr eine Konferenz mit den Mitarbeitern der Provinzregierungen abzuhalten, die von ihren Ministern mit dem Kontakt zur Zentralregierung beauftragt worden waren. Wir trafen uns reihum in den Provinzhauptstädten, und es war Sache der Beauftragten, jedes Mal ein touristisches Programm für die Kollegen aufzustellen. Um die Notwendigkeit dieser Treffen zu beweisen, unterhielten wir uns immer ein paar Stunden über Gesetzesvorhaben der Regierung, die Auswirkungen auf die Schulhoheit der Provinzen haben könnten. Um diese Gespräche vorzubereiten, musste ich engen Kontakt mit unserer Rechtsabteilung halten, die mich immer über anfallende Themen informierte und zu der mein Referat auch gehörte.

Ich saß das erste Mal im Büro von Bente Accordi, der Abteilungsleiterin, um mir diese Informationen zu holen. Eine Frau, vielleicht zehn Jahre älter als ich, Norddeutsche, mit einem Arzt aus Florenz verheiratet. Sie galt als besondere Vertraute der Ministerin, wie mir mein Adlatus verraten hatte. Viel gab es nicht zu besprechen. Wir tranken noch unseren Kaffee aus, den sie hatte kommen lassen, da sagte sie: „Vielleicht wundern Sie sich, dass die Ministerin Sie in ein scheinbar so unbedeutendes Referat geholt hat. Sie ist entschlossen, für die Gesamtregierung mehr Einfluss auf die Schulpolitik herauszuholen, und sie hatte den Eindruck, dass Sie ihr dabei helfen könnten. Mit ihrer Auffassung steht sie in ihrer eigenen Partei, wie Sie wohl wissen, ziemlich allein. Sie sieht sich also in einer ähnlichen Rolle wie seinerzeit Ihr Vater, als er eine moderne Verkehrspolitik durchsetzen wollte. Deswegen, so denkt sie, müssten Sie eigentlich ihre natürliche Verbündete sein."

Es war mir lieb, dass ich das wusste, denn ich hatte mir schon selber klar gemacht, dass jede sinnvolle Tätigkeit in diesem Bereich gegen Vorurteile von allen Seiten zu kämpfen haben würde. Meine Kollegen auf Provinzebene würden dabei nicht meine Mitstreiter sein. Es war gut, die Ministerin auf meiner Seite zu haben, aber sie könnte kaum offen für uns auftreten, wenn sie ihren Posten behalten wollte.

Katja und Simon waren auf einer Reise in Dubai. Ich rief Mark an, und er lud mich für einen der nächsten Abende zu sich ein. Sein Sohn Fabian saß an einer kunsthistorischen Doktorarbeit und verzog sich nach kurzem Gespräch auf sein Zimmer. Seine Frau Sonja ist deutlich jünger als er, arbeitet in einem naturwissenschaftlichen Fachverlag und entschuldigte sich mit ei-

ner Rezension, die sie noch schreiben müsse. So saß ich mit meinem Onkel allein.
Er schmunzelte, als ich ihm von meiner Lage erzählt hatte. „So ungefähr habe ich mir das gedacht“, sagte er. „Erika Bekfurth war zu unserer Zeit eine der Vorsitzenden der Jugendorganisation der Partei. Dort hatte Frank seine stärkste Unterstützung. Jetzt hat sie sich eine ähnlich schwierige Aufgabe vorgenommen wie er seinerzeit. Der Unterschied ist nur, dass sie, wenn sie scheitert, keinen Wirbel erzeugt, der dem Rücktritt von Frank vergleichbar wäre. Also muss sie andere Wege zum Erfolg suchen. Ich denke, da hat sie mit dir nicht die schlechteste Wahl getroffen.“
Er dachte eine Weile nach. „Ich erinnere mich an einen Anruf deines Vaters nach einer seiner ersten Vortragsreisen. Er habe jetzt verstanden, sagte er, dass man nicht nur politische Macht braucht, um die Dinge zu verändern, sondern auch eine breite Unterstützung aus dem Volk. Das ist hier genau so. Wenn ihr an unserem föderalen System etwas ändern wollt, dann geht das nur mit sehr viel Druck von unten. Anders wird sich keine Provinzregierung auch nur einen Millimeter aus ihrer Position schieben lassen.“
Dass mein Vater so etwas gesagt hatte, erstaunte mich. Keiner seiner Vorgänger oder Nachfolger hatte soviel Macht gehabt wie er. Aber mir war klar, dass er auch mit seiner absoluten Mehrheit die Schulpolitik nicht hätte reformieren können. Also ist das Volk gefragt. Keine sehr revolutionäre Idee in einer Demokratie. Und doch hatten wir sie alle lange vergessen.

In einem Gespräch mit Bente Accordi sicherte ich meinen Plan ab. „Wir lassen die Ministerin aus dem Spiel", sagte sie. „Es ist besser, sie kann sagen, sie habe von Ihrer Aktion nichts gewusst."

Im Umfeld der Lehrergewerkschaft gibt es eine Stiftung Schulpolitik. Der Geschäftsführer lud mich gern zu einem Gespräch ein, und am Ende verließ ich sein Büro mit einem Arm voller Statistiken und Berichte. Es war nicht schwer, mit Hilfe meines Mitarbeiters daraus eine Übersicht zu basteln, die nicht weniger als 783 teils schwerwiegende Unterschiede zwischen den Schulsystemen unserer 14 Provinzen aufwies. Das ging von Bestimmungen zu Notengebung und Versetzung über gesundheitliche Anforderungen an Klassenzimmer bis zu den Lehrplänen. Es wäre übrigens nicht schwierig gewesen, viele dieser Unterschiede noch einmal zu unterteilen. Aber ich war der Meinung, dass 783 Unterschiede eindrucksvoller sein würden als vielleicht 1497. Was vierstellig wird, entzieht sich schon leicht einer anschaulichen Vorstellung.

Die Berichte und Statistiken der Stiftung Schulpolitik gehen jährlich an alle Medien. Aber nur weniges davon erscheint in den Zeitungen oder Fernsehnachrichten. Es hätte also keinen Sinn gehabt, unsere eindrucksvolle Zusammenstellung einfach an die Presse zu verschicken. Ich lud deshalb über mehrere Wochen ausgewählte Journalisten zu Hintergrundgesprächen ein. So etwas machen gewöhnlich nur Abgeordnete oder Minister. Dass die überhaupt zu mir kamen, hatte ich wieder einmal der Verwandtschaft mit meinem Vater zu verdanken. Mir kam es darauf an, dass die Zahl 783 als

das bewusst wurde, was sie tatsächlich war, nämlich ein Skandal.
Das Verfahren war erstaunlich erfolgreich. Als die ersten Berichte erschienen, baten weitere Journalisten um ein Hintergrundgespräch. Einige hatten von ihren Kollegen gehört, dass sie sich an mich wenden sollten, und wenn sie ans Ministerium schrieben, wies sie das Sekretariat von Erika Bekfurth an mich. Dafür hatte Bente Accordi gesorgt.
Auf einmal war Schulpolitik ein öffentliches Thema. Einige Kultusminister aus den Provinzen meldeten sich mit beschwichtigenden Stellungnahmen. Der Regierungssprecher zitierte den geltenden Koalitionsvertrag, in dem eine Änderung der Schulpolitik nicht erwähnt war. Es gab unterstützende Leserbriefe. Die Presseabteilung der Regierung versorgte uns mit zunehmenden Mengen Papier. Fernsehsender schickten uns DVDs von Nachrichtenmeldungen oder Magazinbeiträgen zu unserem Thema. Die Parteien wurden unruhig.
Jetzt war es Zeit, die zweite Stufe meiner Rakete zu starten. Dazu rief ich meinen Cousin Jules d'Arbre an. Meine Mutter und Mark hatten noch zwei Geschwister, ein Zwillingspaar, das passenderweise wieder Geschwister geheiratet hatte. Jules war der jüngste Sohn meiner Tante Lucia, und da sein Schweizer Vater den französischen Namen d'Arbre trug, hatte er aus Julius einfach Jules gemacht. Ich hatte ihn einmal bei einer Familienfeier getroffen. Er war ein paar Jahre jünger als ich und studierte Jura in der Hauptstadt. Was ihn interessant für mich machte, war seine Mitgliedschaft im Vorstand des

Sozialistischen Studentenbundes. Wir verabredeten uns für einen der folgenden Tage in meiner Wohnung.
Jules ist ein hübscher Junge. So um 185 cm groß, schmal, eher weiche Züge. Ich fand, dass er ein wenig meiner Mutter ähnelt, die ja seine Tante ist. Er wollte sich wohl von dem bürgerlichen Ansehen seiner Familie unterscheiden – sein Vater war kaufmännischer Direktor einer großen Möbelfirma – deshalb trug er die Haare in einen Pferdeschwanz gebunden, und seinen Bart hatte er fantasievoll ausrasiert. Erst wirkte er ein wenig scheu – was wollte wohl diese Regierungsrätin, die seine Cousine war, von ihm? – aber bald taute er auf und erzählte von seinem Studium und der Doktorarbeit, die er sich gerade geholt hatte. Er war mit dem Fahrrad gekommen, deshalb hatte er weniger Hemmungen, meinem weißen Burgunder zuzusprechen, und bald waren wir beim Thema. Die Pressekampagne zur Schulpolitik fand er „krass". „Ist doch gut, dass die endlich mal auf diesen Skandal gekommen sind", meinte er. Ich stimmte ihm lebhaft zu. „Jetzt fehlen uns eigentlich nur noch Studentendemonstrationen in allen Universitätsstädten." Er sah mich an. „Tolle Idee", meinte er, „wir suchen schon lange nach einem Thema, mit dem wir unsere behäbige Gesellschaft ein bisschen aufmischen können. Da muss ich mal mit meinen Kollegen drüber reden." Ich bot ihm an, dass ich sie mit Informationsmaterial versorgen könne. „Ach", sagte er, „steckt ihr auch dahinter? Ich dachte, die Regierung schläft mit den Provinzen unter einer Decke." „Wer ist schon die Regierung?" warf ich ein. „Du jedenfalls wohl nicht". Er lachte.

„Also, dann macht mal", ermunterte ich ihn zum Abschied. „Und wenn es euch gelingt, die Studentenorganisationen der anderen Parteien mit ins Boot zu holen, verdoppelt ihr den Effekt." Er wurde ernst. „Eigentlich sollten wir das ja in Konkurrenz zu den andern machen. Aber tatsächlich arbeiten wir mit denen enger zusammen, als in der Öffentlichkeit bekannt ist. Studenten aller Lager haben doch ziemlich die gleichen Interessen."

Zur ersten Studentendemonstration „Entschnarcht die Schulpolitik!!" kamen 50 Leute, zur zweiten in einer anderen Universitätsstadt schon 200, und die dritte, zu der alle Studentenorganisationen aufgerufen hatten, brachte ein paar Tausend Demonstranten auf die Beine. Die Bewegung griff um sich wie ein Flächenbrand. Alle schienen nur auf das Stichwort gewartet zu haben. Bald beteiligten sich die Jugendorganisationen der Gewerkschaften, kirchliche Jugendgruppen, die Jungen Unternehmer und sogar einige der landsmannschaftlichen Jugendgruppen wie die „Jungen Wäldler" oder die „Junge Küste". Die Lehrergewerkschaften machten mit, die Vertreter der Elternorganisationen, ganze Schulklassen. Ein paar Oberstudiendirektoren unterschrieben einen Aufruf, Schriftsteller, Künstler, Schauspieler als Einzelne oder in ganzen Gruppen schlossen sich an. Die Sache wurde zum Selbstläufer. Bente Accordi und ich lächelten uns an, wenn wir uns auf dem Gang trafen. Ansonsten hielten sich die Kollegen mit Äußerungen zurück. Sie mochten in der Sache ähnlicher Meinung sein, aber über eine solche Frage entscheidet doch nicht „die Straße", sondern das handeln die Ministerialbürokraten unter sich aus.

Als die Aktion einige Wochen lief und die Medien voll erreicht hatte, bat mich der Staatssekretär in sein Büro. Ich sollte wohl besser sagen, er bestellte mich ein. Der Ministerpräsident habe sich in der letzten Kabinettssitzung verärgert gezeigt über die Kampagne zur Schulpolitik. Das sei ein völlig abseitiges Thema. Die Zuständigkeiten seien klar geregelt, und es gebe weder den Bedarf noch gar die Möglichkeit, daran etwas zu ändern. Er habe gehört, sagte der Staatssekretär, dass ich wohl „etwas mit dieser Sache zu tun habe".
Er schwieg. Also musste ich reden. „Es ist mein Auftrag, die Arbeit der Regierung mit den Tätigkeiten der Provinzregierungen zu koordinieren", sagte ich. „Die Zusammenarbeit kann sich wohl nicht darin erschöpfen, dass ich zweimal im Jahr mit Vertretern der Länder irgendeine Sehenswürdigkeit in Augenschein nehme und landesübliche Speisen verkoste. Wir haben uns sehr genau über die Unterschiede der vierzehn verschiedenen Schulsysteme unterhalten und gemeinsam festgestellt, dass sie skandalös sind. Die Kollegen aus den Provinzen haben sich damit begnügt, den Skandal festzustellen. Aber es kann doch nicht Aufgabe einer Regierung sein, die für das ganze Land zuständig ist, es bei einer solchen Feststellung zu belassen. Hier ist Aktivität gefragt. Die findet nun statt. Wenn ich da meine Rolle und Aufgabe falsch verstanden habe, besteht ja die Möglichkeit, mich meines Amtes zu entheben. Solange das nicht geschieht, sehe ich es als meine Verpflichtung an, die Missstände beim Namen zu nennen und auf ihre Beseitigung hin zu arbeiten."

Der Staatssekretär war offensichtlich erstaunt, dass ich so kämpferisch antwortete. Er hatte wohl erwartet, dass ich meine Rolle in der laufenden Kampagne leugnen oder herunterspielen würde. Deshalb lenkte er sofort ein. Natürlich hätte ich Recht, wenn ich Probleme aufzeige. Aber ich möge doch bedenken, dass deren Bewältigung irgendwie in das Programm der gegenwärtigen Regierung eingepasst werden müsse. Außerdem verwies er darauf, dass die Unterschiede in den Schulsystemen in der Verfassung festgeschrieben seien.
„Die Verfassung ist vor einigen Jahren geändert worden. Wenn es sich herausstellt, dass diese Veränderung ein Fehler war, dann kann man sie in einem gleichartigen Verfahren wieder rückgängig machen." „Aber da müssten doch die Provinzen zustimmen", warf er ein. „Das werden die nie und nimmer tun." „Es müssten zwei Drittel der Provinzen, also 10, zustimmen. Das halte ich nicht für aussichtslos, wenn man die Mehrheitsverhältnisse in den Provinzregierungen betrachtet."
Der Staatssekretär hatte offenbar sein Pulver verschossen. „Trotzdem täten Sie gut daran", schloss er, „sich in dieser schwierigen Frage mehr zurückzuhalten. Außerdem bittet Sie die Ministerin, noch zu ihr hereinzukommen." Er verabschiedete mich nicht unfreundlich.
Die Ministerin schien schon auf mich gewartet zu haben. Als ich im Besuchersessel neben ihrem Schreibtisch saß, stand sie noch einmal auf und schloss die Tür ins Vorzimmer. Sie setzte sich in den zweiten Sessel neben mich. „So", sagte sie, „das war die Pflicht. Jetzt kommen wir zur Kür." Der Staatssekretär habe vom Kabinett den ausdrücklichen Auftrag erhalten, mich zurechtzu-

weisen. Aber „unter uns“ wolle sie mir sagen, dass sie begeistert sei über den Wirbel, den ich entfacht hatte. Ich wies das bescheiden zurück. „Da haben viele mitgeholfen.“ „Das ist immer so. Aber einer muss den Anfang machen, die Verbindungen herstellen und aktivieren. Das haben Sie sehr wirksam zuwege gebracht.“

Aber nun habe sie die Frage, wie es mit dieser Sache weiter gehen solle. „Die Demonstrationen können nicht ewig dauern. Irgendwann müssen politische Entscheidungen fallen. Und da stehen die Provinzregierungen wie ein Block.“

Darüber hatte ich mir auch schon Gedanken gemacht. „Da gibt es doch Unterschiede“, sagte ich. „Die Regierungen mit sozialistischer Mehrheit kann man immerhin auf ihr Parteiprogramm hinweisen, in dem die gesamtstaatliche Verantwortung für das Schulwesen gefordert wird. Das sind im Moment acht von vierzehn. In den kommenden Monaten stehen in drei Provinzen Wahlen an. Wenn zwei kippen, dann hätten wir eine Zweidrittelmehrheit der Provinzen. Außerdem haben ja auch die Studenten aus Ihrer Partei aktiv mitdemonstriert. Es müsste sich also auch hier Druck aufbauen lassen. Dabei ist völlig klar, dass wir die Schulpolitik nicht mit einem Federstrich der Zentralregierung zuweisen können. Wir müssen sowohl für eine notwendige Verfassungsänderung als auch für die praktische Gestaltung Formulierungen finden, die Blockaden abbauen und Fortschritte ermöglichen. Wenn der Skandal in zehn Jahren beseitigt ist, dann sind wir extrem erfolgreich gewesen.“

Erika Bekfurth lächelte. „Dann setzen Sie sich einmal mit Bente Accordi zusammen. Die ist unübertroffen, wenn es um juristische Feinheiten geht." Das hatte ich mir ohnehin schon vorgenommen. Und noch etwas wollte ich zur Sprache bringen. „Ich möchte meine jetzige Tätigkeit in etwa sechs Monaten beenden. Bis dahin habe ich alles geschafft, was in dieser Position möglich ist."

Die Ministerin sah erstaunt auf. „Was wollen Sie dann machen?" fragte sie. „Ich habe einen Ruf an eine Universität in den Niederlanden erhalten und möchte ihn zum übernächsten Semester annehmen." „Ich lasse Sie ungern gehen." „Ich bin ja nicht aus der Welt. Und vielleicht arbeitet es sich für Sie leichter, wenn nicht immer die Tochter von Frank Welzin die Blicke auf sich zieht."

9

Die Anfrage aus den Niederlanden war ein paar Tage vorher gekommen. Offiziell schriftlich, aber telefonisch begleitet von einem jungen Professor für mitteleuropäische Geschichte, den ich während meiner Assistentenzeit als Kollegen kennen gelernt hatte. Es schien, als habe er die Anfrage an mich eingefädelt. Zumindest erweckte er diesen Eindruck. Es ging zunächst um eine außerordentliche Professur für europäische Zeitgeschichte unter besonderer Berücksichtigung der sozialen Folgen des europäischen Einigungsprozesses. Es bestehe die Aussicht, dass die Stelle nach einiger Zeit in eine ordentliche Professur für allgemeine politische Wissenschaft umgewandelt werde.
Ich wollte mir für die Antwort ausreichend Zeit lassen, mit meinem Sohn und der Familie darüber reden. Aber eigentlich war mir klar, dass ich am Ende das Angebot annehmen würde. Die Arbeit im Ministerium war mir wichtig, aber ich merkte auch, dass ich dort in einen engen Pferch eingezwängt war, und ich dachte, dass ich vielleicht von außerhalb des Politikbetriebs mehr Einfluss ausüben könne. Das war mir im Gespräch mit dem Staatssekretär erst recht klar geworden, und deshalb hatte ich der Ministerin meine bevorstehende Kündigung gleich mitgeteilt.
Ich nahm mir trotzdem Zeit, mit Frank-Jacob über meinen Plan zu sprechen. Für die Möglichkeit, auf eine internationale Schule zu wechseln und dort das Abitur zu machen, war er gleich Feuer und Flamme. Mit Sprachen hatte er kein Problem. Er wechselte auch jetzt noch

bruchlos ins Englische, und Latein und Französisch in der Schule machten ihm Spaß. Er hätte natürlich auch bei meiner Mutter und in seiner alten Schule bleiben können, aber das erwog er gar nicht ernsthaft.
Mark und Simon waren zuerst nicht begeistert. Sie hatten sich wohl mit dem Gedanken angefreundet, dass ich über meine Stelle im Ministerium in die Politik hineinwachsen würde. Vielleicht sahen sie in mir die künftige Ministerin oder gar Ministerpräsidentin. Aber diese Vorstellung saß bei ihnen nicht so tief, dass sie dafür gekämpft hätten. Es war eher ein gedankliches Spiel. Meine Mutter dagegen unterstützte den Plan sofort. Sie hatte es unmittelbar erfahren, was ein Politikerleben verlangt und was es einem nimmt. Als sie Frank heiratete, hatte sie das bewusst angenommen. Er war da schon Ministerpräsident, und sie wusste, das war sein Weg, und wenn sie bei ihm sein wollte, dann musste sie ihn mitgehen. Aber bei ihrer Tochter war das etwas anderes. Sie musste diese Erfahrung nicht auch machen.
Ich reichte also meine Kündigung ein und wurde von meinen Dienstpflichten entbunden. Meine neue Universität half mir, am Ort eine Wohnung zu finden, und ich zog im Sommer um. Als das Schuljahr begann, konnte Frank-Jacob ganz planmäßig auf seiner neuen Schule anfangen. Ich hatte Zeit, mich mit den neuen Verhältnissen bekannt zu machen und mein erstes Semester vorzubereiten.
Unterrichtssprache ist Englisch. Damit hatte ich also kein Problem. Im Gegenteil, da ich einen Großteil meiner Studienzeit auf einer englischsprechenden Universität verbracht hatte, war mir die Fachsprache auf Eng-

lisch geläufiger als in meiner Muttersprache. Trotzdem belegte ich zusammen mit meinem Sohn einen Schnellkurs in Niederländisch, denn wir wollten uns ja auch im Alltag außerhalb von Schule und Universität zurecht finden. Die Universität bot einen solchen Kurs an, und es war wirklich nicht schwer, sich in der neuen Sprache zu orientieren. Außerdem las ich eine einheimische Tageszeitung. Ich fand zusehends Spaß an dieser klangvollen und, wie mir schien, gemütlichen Sprache.

Dass wir gemeinsam dieselbe Schulbank drückten und an denselben Hausaufgaben saßen, schuf auch eine neue Art der Gemeinsamkeit zwischen mir und meinem Sohn. Ich bemerkte, dass ich ihn eigentlich nicht gut kannte. Es hatte nie Probleme zwischen uns gegeben. Ich hatte meinen Weg gemacht, er war im Kindergarten und der Schule versorgt worden, und auch die Familie hatte ihn mir abgenommen, wenn es nötig war. Jetzt lebten wir viel enger und bewusster zusammen. Ich sah voraus, dass das auch zu Schwierigkeiten führen könnte, aber vorerst freute ich mich daran, dass ich gar nicht so allein im Leben stand, wie ich das manchmal empfunden hatte.

In diesen Wochen schickte uns Mark das Manuskript seines Buches über meinen Vater. Ich las es mit großer Anteilnahme. Ich begriff besser, was für ein Mensch er gewesen war. Und da fiel mir ein, dass immer wieder die Ähnlichkeit meines Sohnes mit seinem Großvater betont worden war. War er ihm auch im Charakter ähnlich? Als er die Kapitel über die Kindheit und Schulzeit von Frank gelesen hatte, lachte er und sagte, da sei er doch wohl anders gestrickt. Er habe sich immer gern in eine Gruppe gefügt und sei froh gewesen, wenn ein anderer die Führung übernommen habe. „Manchmal versuche ich dann schon, meine Vorstellungen durchzusetzen, indem ich sie anderen schmackhaft mache. Und ich bin immer stolz, wenn etwas geschieht, das ich angeregt habe, ohne dass die anderen wissen, dass das von mir kommt." Da musste er wohl ein gut Stück Erbe von seiner Großmutter mitbekommen haben, und seinen Vater durfte ich da ja auch nicht aus dem Auge verlieren.

Ich fragte mich, wohin ich in diesem Feld gehöre. Ich fand Züge in meinem Charakter, die ich wohl meinem Vater zuordnen konnte. Aber es gab auch ganz andere. Ich hatte weder den Wunsch, mich nach oben zu boxen, noch hätte ich es ausgehalten, in einer Partnerschaft so bewusst die zweite Rolle zu spielen wie meine Mutter. Ich beschied mich schließlich damit, dass ich ja nicht nur Tochter sei, sondern ein eigener Mensch mit seinen eigenen Rätseln. Womit ich wieder bei dem Thema war, das mich schon seit meiner Kindheit geprägt hatte.

Bei meinem Gastspiel in der Regierung hatte ich gelernt, dass es nicht genügt, die Straße zu mobilisieren, sondern dass man auch die Parteien einbinden muss. Das war gewiss keine neue Erkenntnis. Wer die Bürger dazu ermuntert, für ihre eigenen Interessen einzutreten, muss ihnen auch die Möglichkeit bieten, ihren Willen als Wähler in den politischen Apparat einzubringen.
Das wurde mir bewusst, als mich mein Cousin Jules anrief und mich „vorwarnte", wie er sagte, ich werde in Kürze eine Einladung seiner Partei erhalten, an einem Arbeitskreis über Schulpolitik mitzuwirken. Tatsächlich kam schon einige Tage später eine umfangreiche E-Mail von der Generalsekretärin der Sozialistischen Partei. Man habe sich im Parteivorstand Gedanken gemacht, wie man auf die Forderungen breiter Bevölkerungskreise nach einer besseren Koordination der Schulpolitik in den Provinzen reagieren könne. Ihre Partei vertrete, wie ich wohl wisse, die Auffassung, dass es eine gesamtstaatliche Verantwortung dafür geben müsse. Sie wolle aber nicht verschweigen, dass unter den Provinzpolitikern ihrer Partei die Begeisterung für eine notwendige Verfassungsänderung nicht gerade groß sei. Man habe daher beschlossen, ein „Forum Schulpolitik" beim Parteivorstand zu bilden, um die innerparteiliche Meinungsbildung in dieser Frage voranzutreiben. Man würde sich glücklich schätzen, wenn ich mich entschließen könnte, in diesem Forum mitzuwirken. Man habe meine Initiativen aus der Mitte der konservativen Regierung heraus bewundert und hoffe, dass ich ihr An-

gebot als eine Möglichkeit verstehe, diese Arbeit fortzusetzen.
Ich war sicher, dass Jules hinter diesem Vorschlag steckte. Aber ich musste mir eingestehen, dass er damit Recht hatte. Wenn populäre Bewegungen nicht erleben, dass ihr Einsatz Auswirkungen hat, schläft die Aktivität notwendigerweise nach einiger Zeit ein. Darauf setzen ja auch ihre politischen Gegner. Am besten nicht darüber reden, dann erledigt sich das Problem schon von selbst. Und ich hatte ja schon im Gespräch mit Erika Bekfurth darauf hingewiesen, dass es in der Provinzkammer des Parlaments vielleicht bald eine Zweidrittelmehrheit der Sozialisten für eine Verfassungsänderung geben könne. Aber was würde das nützen, wenn den sozialistischen Provinzialregierungen am Ende der Spatz einer eigenständigen Schulpolitik wichtiger wäre als die Taube einer, womöglich konservativen, zentralen Schulpolitik. Also hier gab es in der Tat Bedarf für Meinungsbildung und Entscheidungsvorbereitung.
Ich schrieb also an die Generalsekretärin zurück, ich danke für die Einladung und werde mich gern an der konstituierenden Sitzung des Forums beteiligen, allerdings vom Ergebnis dieser Sitzung meine dauerhafte Teilnahme abhängig machen. Mir schien es wichtig, erst noch einmal eine Entscheidung offen zu halten. Vielleicht könnte ich so ein wenig mehr Einfluss auf die Entwicklung bekommen.
Mir war klar, dass sich damit für mich selbst die Frage stellte, ob ich nicht auch der Partei beitreten müsste. Mein Wort würde wohl mehr Gewicht erhalten, wenn ich nicht nur Gast einer solchen Veranstaltung wäre.

Diese Überlegung traf sich mit einem kleinen Buch, das ich in diesen Tagen gerade vollendete. Ich hatte mir das Thema, das mir als erstes für eine Doktorarbeit vorgeschlagen worden war, noch einmal vorgenommen: Die parteipolitische Orientierung von Frank Welzin.
Auf den ersten Blick schien es eine einfache Antwort zu geben. Er hatte sich einer kleinen Partei angeschlossen, weil er da schnellere Aufstiegschancen sah. Dann war er in eine der beiden Volksparteien gewechselt, weil er nur dort die Machtposition gewinnen konnte, die er anstrebte. Soweit also rein taktische Entscheidungen. Aber nun stellte sich doch die Frage, weshalb er sich für die konservativere der beiden entschieden hatte. Beide Parteien ruhten auf einem breiten liberalen Fundament, wie es sich schon im 19. Jahrhundert im Kampf gegen den Obrigkeitsstaat gebildet hatte. Beide hatten inzwischen reichlich Regierungserfahrung gewonnen, auch schon Koalitionen miteinander gebildet. Dadurch hatten sie sich soweit einander genähert, dass man die Konservativen besser als Rechtsliberale und die Sozialisten eher als Linksliberale bezeichnen sollte. Mindestens zweimal war Frank ja auch mit den letzten Konservativen in seiner Partei zusammengestoßen, die ihre stärkste Bastion in der Parlamentsfraktion hatten. Einmal, als es um das Adoptionsrecht gleichgeschlechtlicher Paare ging, das andere Mal bei seinem Vorstoß für eine neue Verkehrspolitik. Beide Male hatte er sich nicht durchgesetzt. Das hatte im ersten Fall keine Folgen gehabt, dafür war das Thema nicht wichtig genug gewesen, beim zweiten Mal hatte die Ablehnung zu seinem

Rücktritt geführt. Wäre er nicht also bei den Linksliberalen besser aufgehoben gewesen?
Mark und Simon, die beide auch eher zu den Linken neigten, bejahten die Frage. Nur Katja schüttelte nachdenklich den Kopf. „Frank war nicht konservativ. Aber er war sich bewusst, dass praktische Politik immer pragmatisch ist, also Abstand halten muss zu den Extrempositionen innerhalb einer Partei. Wäre er zu den Linken gegangen, dann wäre er mit seinem Pragmatismus als konservativ abgestempelt worden. Bei den Konservativen dagegen hielt er ohne Mühe eine fortschrittliche Position. Er hat das selbst nie so klar ausgesprochen, aber aus vielen Gesprächen über kleine Einzelprobleme weiß ich, dass er so dachte."
Ich war meiner Mutter sehr dankbar für diese klare Aussage. Ich verwendete sie auch in meinem Buch, verklausulierte sie aber ins übliche Fachchinesisch, weil sie sonst zu journalistisch geklungen hätte und von der Fachwelt nicht ernst genommen worden wäre.
Dass ich mich auf einmal so selbstverständlich mit meinem Vater beschäftigen konnte, überraschte mich. Ich war mir als so selbständig bewusst, dass ich nicht mehr fürchtete, nur als Tochter wahrgenommen zu werden.
Als ich überlegte, ob ich den Sozialisten beitreten sollte, fragte ich mich natürlich, ob ich dann dort den pragmatischen, also „rechten" Rand markieren wollte. Das wollte ich freilich nicht. Aber dann machte ich mir klar, dass ich ja kein Regierungsamt anstrebe, also nicht auf pragmatische Politik festgelegt sei. Ich könnte also im breiten Spektrum dieser linksliberalen Partei ungestört

meine Stellung suchen, mal mehr fortschrittlich, mal mehr konservativ.
Die konstituierende Sitzung des Forums Schulpolitik verlief nicht ganz nach meinen Vorstellungen. Doch ich sah so viele Möglichkeiten in der Themenstellung und noch mehr unter den Teilnehmern, dass ich beim Abschied der Generalsekretärin sagte, sie könne mit meiner weiteren Mitarbeit rechnen und mir auch einen Aufnahmeantrag in ihre Partei schicken. Den zog sie strahlend aus ihrer Tasche.

11

Bald nach unserem Umzug in die kleine niederländische Universitätsstadt bemerkte ich eine Veränderung im Verhalten von Frank-Jacob. Er hatte immer ordentliche Schulnoten gehabt, ohne dass er sich dafür sehr anstrengte. Er spielte Volleyball in einem Sportverein, hörte die aktuellen Pop-Alben und saß bei Fußballübertragungen vor dem Fernsehschirm. Sein Vater Matthias, der ihn immer wieder, wenn auch nicht regelmäßig, zu sich einlud, hatte ihn ein paar Mal zu Jazzkonzerten mitgenommen. Die riesigen Mengen begeisterter Jugendlicher in Rock-Konzerten mied er eher.
Jetzt überraschte er mich mit der Frage, ob ich etwas dagegen hätte, wenn er sich von seinem Taschengeld ein gebrauchtes Keyboard kaufe. Sein kleines Zimmer war reichlich voll, als er es eines Tages aufstellte. Ein Schulkamerad, der gut Klavier spielte, gab ihm etwas Unterricht. Jetzt verbrachte er den größten Teil seiner Freizeit an seinem Instrument. Meist hörte ich nicht viel, denn er benutzte Kopfhörer.
Dann erzählte er mir, sie schrieben in einer Arbeitsgemeinschaft seiner Schule an einem „musikalischen Schauspiel", wie er sagte. „Musical?" fragte ich. Er nickte. Mir fiel ein, dass ich im Internet, als ich die Schule für ihn aussuchte, davon gelesen hatte, dass man dort in regelmäßigen Abständen solche Produktionen aufführte. An dieser Arbeit sei er beteiligt. Mit Hank, einem amerikanischen Schulfreund und einem der Musiklehrer schrieben sie die musikalischen Nummern. „Kannst du das denn?" fragte ich. Er nickte. „Ich lerne es, und es

geht immer besser.“ Und dann rückte er mit einem „großen Wunsch“, wie er sagte, heraus: „Könnten wir nicht ein Piano kaufen. Ich möchte es gern richtig lernen, so mit Unterricht und allem, was dazu gehört.“ Ich überlegte. Hätten wir überhaupt Platz für ein Klavier in unserer kleinen Wohnung? Frank-Jacob schien meine Gedanken zu erraten. „Vielleicht könnten wir auch in eine größere Wohnung ziehen?“ fragte er.

Musik hatte in unserer Familie nie eine große Rolle gespielt. Die beiden Großväter hatten in ihrem Feuerwehrchor gesungen, aber da ging es, wie eine der Großmütter einmal milde lächelnd bemerkte, mehr ums Löschen, auch wenn nichts brennt. Katja und ihre ältere Schwester hatten ein wenig Gitarre gespielt. Frank hätte für Musik nie Zeit gehabt. Aber es gab wohl immerhin eine Großtante, eine Schwester von Franks Großvater, die Klavierstunden gegeben hat. Matthias hatte eine echte Vorliebe für Jazz, aber ausgeübt hatte er Musik nicht. Ich war nicht sicher, ob mein Sohn wirklich ein ernsthaftes Interesse am Klavier hatte, oder ob das nicht ein Strohfeuer sei.

Aber er ließ mir keine Ruhe, und als ein Kollege an eine Universität in Großbritannien wechselte, konnte ich seine Wohnung übernehmen. Da hatten wir nun ein großes Wohnzimmer mit angrenzendem Esszimmer, also Platz genug für ein Klavier. Am liebsten hätte Frank-Jacob gleich einen Flügel gehabt, aber so viel wollte ich nicht ausgeben, bevor ich wusste, dass ihm die Musik wirklich so ernst war, wie er im Augenblick meinte. Bei einem Musikalienhändler fanden wir ein älteres schwarzes Piano, ziemlich groß, angeblich ein Modell, das heute noch gebaut werde und das fast so gut sei wie ein Flügel. Ich bat Frank-Jacobs Musiklehrer, sich das Klavier einmal anzusehen, und er brachte gleich seinen Klavierstimmer mit. Beide Herren rieten mir nachher zum Kauf. „Das ist so solide gebaut", sagte der Klavierstimmer, „das können Sie noch Ihren Enkeln vererben." Ich lachte, so weit im Voraus wollte ich eigentlich noch nicht denken. Aber wir kauften das Klavier, und von da ab hörte ich es, wann immer mein Sohn zuhause war.

Er stürzte sich mit einem wahren Feuereifer auf seine Übungen. „Ich muss zehn Jahre nachholen", sagte er. Denn er wolle auf jeden Fall bei der Musik bleiben und am liebsten Komposition studieren. „Da musst du gut Klavier spielen können."

Ein paar Jahre und hunderte von teuren Klavierstunden später bestand er tatsächlich die Aufnahmeprüfung an einer Musikhochschule im Fach Komposition. Er hatte die Prüfer offenbar mit seinen Kompositionen, die er eingereicht hatte, überzeugt und für sich eingenommen. Gut, dachte ich, jemand in der Familie, der nichts mit Politik zu tun hat.

12

Die erste Arbeitssitzung des Forums Schulpolitik verlief nicht nach meinen Vorstellungen. Hatten bei der konstituierenden Sitzung der Parteivorsitzende, der Fraktionsvorsitzende im Abgeordnetenhaus und der Vorsitzende der „Arbeitsgemeinschaft sozialistischer Lehrer“ wohltönende Reden gehalten und der Hoffnung Ausdruck gegeben, die Arbeit des Forums möge dazu beitragen, eine „verkrustete Schullandschaft“ – was immer das heißen mochte – „aufzubrechen“ oder gar „umzupflügen“, so zeigte sich jetzt schnell, dass auch die Front der sozialistischen Schulpolitiker alles andere als geschlossen war. Der Vorsitzende der Lehrergewerkschaft verlangte gleich am Anfang die Errichtung eines nationalen Schulministeriums mit einer zentralen Lenkungsfunktion, also die Entmachtung der provinziellen Schulverwaltungen. Dagegen kam nun, wie zu erwarten war, der Protest der Provinzen. Wir hatten drei der Provinz-Schulminister in unserem Forum. Die sprachen sich dafür aus, die schon bestehende Konferenz der Schulminister aufzuwerten, das hieß, ihr mehr Geldmittel zur Verfügung zu stellen, und ihren Aufgabenkreis angemessen zu erweitern. Dagegen wandte der kulturpolitische Sprecher des Parteivorstands ein, der auch Vorsitzender des nationalen Parlamentsausschusses für kulturelle Angelegenheiten war, dann müsse der Konferenz aber auch das Recht eingeräumt werden, für alle Provinzen verbindliche Entscheidungen zu treffen. Das wiederum, so einer der Provinz-Justizminister, den man vorsichtshalber auch in das Forum berufen hatte, sei nur schwer mit der geltenden Verfassung zu vereinbaren.

Nachdem die Diskussion eine Weile dahingeplänkelt war, meldete ich mich zu Wort. Ich musste aber erst noch einige Reden aus dem Zentralistenlager und die darauf folgenden Widersprüche der Föderalisten abwarten. Da hatte sich bei mir schon einiger Ärger angestaut, und das muss man mir wohl angehört haben, denn es wurde ganz still, während ich sprach. Die institutionelle Absicherung einer Neuregelung sei doch wohl erst die zweite oder dritte Frage. Müssten wir uns nicht zuerst auf die inhaltlichen Ziele einer Reform einigen. Wenn wir uns darüber klar seien, dann könnte man sich überlegen, ob ein zentraler Schulminister oder eine Konferenz mit verbindlichem Beschlussrecht der richtige Weg zu diesem Ziel sei, und schließlich wäre es dann Zeit, sich über die verfassungsrechtlichen und politischen Möglichkeiten Gedanken zu machen.

Alle folgenden Redner gaben mir mit ihren ersten Sätzen Recht. Danach spalteten sich die Beiträge in solche, die das Ziel als „doch wohl bekannt“ voraussetzten und andere, die mich ermahnten, doch ja die Frage der Verwirklichung „von Anfang an“ mit in die Überlegung einzubeziehen. Mir sollte also wohl deutlich demonstriert werden, dass ich als „Theoretiker“ und „Neuling auf dem Felde der Politik“ bitte schön die Erfahrung der vielen „Praktiker“ nicht unterschätzen solle.

Ich war schon halb entschlossen, meine Mitgliedschaft in diesem Forum wieder aufzukündigen, als nach Ende der Veranstaltung ein Mann auf mich zukam, den ich vorher gar nicht bemerkt hatte. Er musste in einer der

hinteren Reihen gesessen haben. „Die Sitzung hätten wir uns sparen können“, fing er an, „wenn wir gleich Ihrem Rat gefolgt wären. Aber daran scheitern die meisten Initiativen: Politiker denken zuerst in Gesetzestexten und Institutionen. Inhalte sind ein notwendiges Übel.“ „Sind Sie denn kein Politiker?“ fragte ich ihn. Er zog eine Karte aus seiner Tasche: Michael Portassarian, MP, also ein Mitglied des nationalen Parlaments. „Noch nicht so lange“, antwortete er. „Deshalb fällt mir der Mangel auch noch auf. Ich sehe Ihnen an, dass Sie keine große Lust haben, hier weiter mit zu machen. Aber ich bitte Sie, lassen Sie es sich nicht verdrießen. Manchmal siegt am Ende doch ein Stück Einsicht.“ Er neigte leicht seinen Kopf und ging weiter.
Ich sah ihm nach. Keine auffällige Erscheinung. Mittelgroß, korrekt gekleidet in dunkelgrauen Anzug und Krawatte, schwarzes Haar, eine kleine Tasche unter die Achsel geklemmt. Zuhause fand ich im Internet mehr Informationen. Abgeordneter aus einem großstädtischen Wahlkreis, 39 Jahre alt, also wenig älter als ich, Diplompädagoge, Mitglied im parlamentarischen Ausschuss für Wissenschaft und Bildung. Kein Wort über seine Herkunft. Portassarian – wo mochte der Name herkommen? Er klang ein wenig nach Armenien oder einer der Kaukasus-Republiken. Er hatte mir mit seinen einfachen Sätzen gefallen. Vielleicht fanden sich noch mehr Verbündete. Also beschloss ich, noch einen Versuch zu machen.

13

An der nächsten Sitzung konnte ich nicht teilnehmen. Für mein Seminar über soziale Fragen in der Europäischen Union hatte ich einen Gesprächstermin beim Brüsseler Kommissar für soziale Angelegenheiten erhalten, und er war kurzfristig auf den Tag der Forumssitzung verschoben worden.

Bei der nächsten Sitzung saß Michael Portassarian neben mir. Ich vertiefte mich gerade in eine Vorlage, die verteilt worden war, als jemand fragte: „Gestatten Sie?" und sich neben mich setzte. Es war, wie ich mit einem schnellen Seitenblick erkannte, Michael. Das umfangreiche Papier, das ich studierte, enthielt eine Zusammenstellung von Aussagen zur Schulpolitik aus den Partei- und Wahlprogrammen der Partei in den letzten dreißig Jahren. Keine sehr spannende Lektüre. Deshalb fragte ich meinen Sitznachbarn, wie es beim letzten Mal gelaufen war. „Da hast du nichts verpasst." Er duzte mich auf einmal, wie das unter Sozialisten wohl seit jeher üblich ist. „Ein Referent der Parteizentrale hat über die bisherige Schulpolitik der Partei referiert. Das steht wahrscheinlich alles auch noch einmal hier drin." „Kannst du dir unter dem heutigen Thema etwas vorstellen?" fragte ich. Auf der Einladung hatte es geheißen: Verfassungsrechtliche Grenzen einer Vereinheitlichung des Schulwesens. „Das ist wieder so ein Mauerthema", sagte er. „Damit wir nicht auf dumme Gedanken kommen." Er lachte. „Aber ich habe da schon einen inhaltlichen Ansatz."

Referent war der Justizminister aus der Provinz, der schon bei den früheren Sitzungen anwesend gewesen war. Er unterschied drei Bereiche: was man mit einfachen Gesetzen ändern kann; was man mit einer Verfassungsänderung möglich machen kann; was die Verfassung auf keinen Fall zulässt. Über die Abgrenzung konnte man im Einzelnen streiten. Soviel Rechtslehre war auch in meiner Ausbildung vermittelt worden. Grundsätzlich war es sicher nützlich zu wissen, wie weit man mit welchen Mehrheiten kommen konnte. Aber war das jetzt schon wichtig? Wir wussten doch im Grunde noch gar nicht, wohin wir wollten. Hatte es da Sinn, schon eine genaue Routenplanung vorzunehmen? Darüber unterhielt ich mich mit Michael während des Essens in der Cafeteria der Parteizentrale. Er gab mir Recht. „Das ist für mich die größte Enttäuschung im Parlament", sagte er beim Nachtisch. „Über Grundsätze und Ziele reden wir überhaupt nicht in der Fraktion, sondern nur über Machbarkeit und Taktik. Wenn ich in der Diskussion frage, weshalb stellen wir diesen Antrag, wenn wir doch genau wissen, dass wir keine Mehrheit dafür bekommen, dann heißt es, wir müssen die Regierung in Verlegenheit bringen. Wenn ich Bedenken habe, einem Kompromiss zuzustimmen, dann heißt es, man darf nicht immer nur nein sagen. Ich würde ja einem Kompromiss gern zustimmen, wenn ich mich schon nicht ganz durchsetzen kann, aber dann möchte ich wenigstens sehen, dass wir einem Ziel näher kommen, das wir vorher bestimmt haben." „Und dann sagen die alten Hasen zu dir, so haben wir früher auch mal gedacht, aber warte nur, du wirst dir auch noch die Hörner abstoßen.“ „Genau. Woher weißt du das?“ „Ich habe die Reden und Aufsätze meines Vaters studiert, und da bin ich auf alle diese Sprüche gestoßen.“ „War dein Vater auch im Parlament?“ Ich sah Michael ungläubig an. Machte er mir etwas vor, oder wusste er wirklich nicht, wer mein Vater war? „Weißt du das nicht? Mein Vater war Frank Welzin.“ Er machte große Augen. „Und dann sitzt du hier in dieser mickrigen sozialistischen Konferenz? Da könntest du doch längst Ministerin in der jetzigen Regierung sein.“

Ich lachte nur. Wir standen auf, denn das Treffen sollte ohne Pause weiter gehen. Auf dem Weg in das Konferenzzimmer sagte er noch schnell zu mir: „Melde dich am besten gleich nach mir. Wenn wir nacheinander in dieselbe Kerbe hauen, wird sie tiefer.“

Die Diskussion verlief eine Weile auf den eingefahrenen Geleisen. Jemand wollte die Verfassungsgrenze etwas weiter ziehen, ein anderer warnte davor, es sich damit zu leicht zu machen. Es sei überhaupt an der Zeit, forderte mit Nachdruck einer der „Zentralisten“, dem Staat eine gänzlich neue Verfassung zu geben. „Unsere Art von Föderalismus passte vielleicht ins 19. Jahrhundert, aber in der Zeit übernationaler Zusammenschlüsse ist er ein Anachronismus.“ Ein paar der Teilnehmer klopften auf ihren Tisch, im übrigen überging man seine Forderung.

Jetzt wurde ich aufgerufen. Wahrscheinlich galt das Prinzip „ladies first“, aber ich wies auf meinen Nachbarn und sagte: „Der Abgeordnete Portassarian hat sich vor mir gemeldet.“ Michael stand auf, das sollte seinem Beitrag ein besonderes Gewicht verleihen, und sagte:

„Eine vollständige Zentralisierung der Schulpolitik können wir aus verfassungsrechtlichen Gründen ausschließen. Deshalb stellt sich die Frage, was wir mit unserer Initiative erreichen wollen. Und da frage ich nicht zuerst nach möglichen Gesetzen, sondern nach deren Zwecken. Wir wollen also, dass unsere Schulen insgesamt besser werden. Schüler in jeder Provinz sollen auf ein vergleichbares Niveau von Bildung gebracht werden. Der Schulabschluss in A soll nicht weniger anspruchsvoll sein als der in B. Ferner sollen sich Kinder, die von C nach D ziehen, in ihrer neuen Schule rasch zurecht finden. Wenn wir wollen, dass Arbeitnehmer flexibler werden, dann müssen wir für die Vergleichbarkeit der Verhältnisse sorgen. Und wir müssen drittens erreichen, dass die Entwicklung der Schule unabhängig wird von den Schwankungen der finanziellen Verhältnisse. Die Schule darf nicht länger die Sparbüchse der Nation sein. Wenn wir kleinere Klassen wollen, dann müssen wir auch die Lehrer bezahlen, die wir dazu brauchen.“ Michael setzte sich. Es gab deutlichen Beifall. Also waren wir wohl doch nicht so sehr in der Minderheit, wie wir vermutet hatten. Zahlreiche Hände gingen hoch. Aber erst war ich an der Reihe:

„Ich kann direkt an das anknüpfen, was Michael Portassarian gesagt hat. Das Thema der Bildungsinhalte muss von einem Gremium aus Fachleuten vorbereitet werden. Wir brauchen zweitens eine Zusammenstellung der Unterschiede. Die gibt es übrigens schon, und die war Anlass für die Demonstrationen, die unsere Debatte in Gang gebracht haben. Das sollte Thema von Beratungen zwischen den Provinzregierungen werden.

Die nationale Regierung wird sich daran beteiligen müssen, wenn wir rasche Fortschritte erzielen wollen. Die ausreichende Finanzierung der Schule kann nur durch ein nationales Rahmengesetz sichergestellt werden. Hier werden die größten Schwierigkeiten entstehen. Deshalb müssen wir zu diesem Zweck Politiker aus den Provinzen mit Vertretern der Zentralregierung an einen Tisch bringen. Ihr seht also, die Zieldiskussion findet nicht im Elfenbeinturm statt, man kann auch mit ihr direkt zu praktischen Folgerungen kommen."

Es schien, dass wir mit unseren Beiträgen die Diskussion auf eine neue Bahn gebracht hatten. Es gab viele Wortmeldungen, die uns mal mehr, mal weniger unterstützten. Zum Abschluss fasste die Generalsekretärin zusammen. Es gebe Aufgaben, die innerparteilich in Angriff genommen werden könnten. Andere könne man nur aus der nationalen Regierungsverantwortung angehen. Die müssten deutlich ins Wahlprogramm geschrieben werden. Der Parteivorstand werde in der nächsten Sitzung Vorschläge zur weiteren Arbeit machen.

„Hast du heute Abend etwas vor?“ fragte Michael, als wir zusammen die Parteizentrale verließen. Ich sah auf die Uhr. „Für die Heimfahrt ist es zu spät. Ich werde mich im Hotel ausruhen und morgen heimfahren.“ Ich hätte meine Mutter besucht, aber die war gerade zu Gesprächen mit einer französischen Stiftung nach Lyon gefahren. „Da weiß ich was Besseres“, sagte Michael. „ Wir gehen zusammen essen und besuchen dann die ‚Kanalratten'“. „Gibt es denn die noch?“ Ich war überrascht. Das Kabarett in einer Kellerbar nahe dem Regierungsviertel war unter uns Studenten ein beliebter Treffpunkt gewesen. Jule Blaumeier und Frederick Hummelberg mit wechselnden Gästen hatten damals den Stil des politischen Kabaretts bestimmt. Nach dem Tod von Frederick Hummelberg war es um Jule Blaumeier still geworden. „Jule ist wieder da“, sagte Michael, „und als Partner hat sie sich einen ganz Jungen geholt, Till Stellenfaller. Wenn wir da noch Plätze wollen, muss ich gleich anrufen.“

Zum Essen gingen wir in ein vietnamesisches Restaurant. Als ich das Hotel anrief, wo ich absteige, wenn Katja nicht zuhause ist, erfuhr ich, dass dort kein Zimmer mehr frei war. Ich versuchte es noch bei zwei anderen, die ich kannte, mit dem gleichen Ergebnis. Da fand irgendein internationales Treffen statt, und die Teilnehmer hatten sich ausgerechnet auf meine Hotels verteilt. „Wenn es dir nichts ausmacht, kann ich dir meine Couch anbieten. Die ist sehr bequem, und die Zimmertür kannst du abschließen.“ Er grinste. „So misstrauisch bin ich nicht", sagte ich. Ich hätte natürlich noch weiter suchen können. Aber irgendwie war es reizvoll, den Rest des Abends mit diesem sympathischen Mann zusammen zu sein. Ich glaube nicht, dass ich damals schon irgendwie verliebt in ihn war. Ich hatte mich in den letzten Jahren mit Männerbekanntschaften eher zurückgehalten. Einen Liebhaber, dachte ich, brauche ich wohl nicht. Aber gute Freunde kann man nie genug haben.

Natürlich hatte es in den Jahren seit meiner Scheidung immer wieder Annäherungen an Männer gegeben. Es gab Kollegen, mit denen ich aus beruflichen Gründen viel zusammen war. Da konnte sich ein tieferes Gefühl hineinmischen. Aber meistens waren diese Männer verheiratet und Familienväter, und als bloßes Anhängsel war ich mir zu schade. Mein Chef im Verlag war verwitwet, ein gepflegter älterer Herr, und er schien mich zu mögen. Aber er war mir zu alt. Deshalb ging ich auf seine Avancen nicht ein. An meiner jetzigen Arbeitsstelle hatte ich einen jungen Linguistik-Dozenten kennengelernt. Aber ich merkte bald, dass er mir zu jung war. Und dann tauchte auch eines Tages eine Freundin auf, mit der er bald zusammenzog. Da war ich froh, dass ich mir eine Enttäuschung erspart hatte.

Bei einer internationalen Konferenz in Barcelona lernte ich einen portugiesischen Kollegen kennen. Wir verknallten uns bei der ersten Begegnung. Wir verbrachten die beiden letzten Nächte vor dem Ende der Konferenz zusammen. Ich dachte, jetzt habe ich meinen Traummann gefunden. Aber der Rausch dieser Tage verflog mit der Entfernung, die uns trennte, und den Wochen,

die vergingen. Ihm schien es ähnlich zu gehen. Er schrieb noch eine bemerkenswert kühle Postkarte von einer Tagung in Argentinien.
Also, ich hatte wirklich keine Absichten, als ich Michaels Angebot annahm. Ich würde die Tür nicht abschließen müssen. Ich vertraute ihm und mir.
Als wir uns am nächsten Morgen beim Frühstück trafen, stellte ich ihm die Frage, die mir in der Nacht plötzlich eingefallen war: „Was wird deine Frau sagen?“ Ich warf mir vor, dass ich nicht früher daran gedacht hatte, ihn nach seiner Familie zu fragen. Dass es da ein Problem geben könnte, war mir wirklich nicht eingefallen. Aber er lachte. „Meine Frau hat es nicht ertragen, dass ich wochenweise hier in der Hauptstadt leben muss. Sie hat sich scheiden lassen und ist wieder verheiratet. Jetzt hat sie sogar ein Kind, was uns trotz aller Bemühung nicht geglückt ist.“

15

Nach seinem Abitur begann Frank-Jacob sein Musikstudium in Rochester im Staat New York. Bei einem Workshop hatte er einen Professor von der Eastman School of Music kennengelernt, und der hatte ihn aufgefordert, sich um die Aufnahme an seiner Hochschule zu bewerben. Er bekam auch ein Stipendium, sodass er keine Studiengebühren bezahlen musste. Trotzdem beanspruchten die Kosten dieses Studiums meine Einnahmen in erheblichem Maß. Ich war entschlossen, mein ererbtes Vermögen anzugreifen, denn wozu sollte es dienen, wenn nicht der Ausbildung meines Sohnes, aber da sprang Katja ein, die für ihren Enkel einen schönen Zuschuss locker machte.

Frank-Jacob hatte schon länger ein sehr selbständiges Leben geführt. Er hatte an mehreren musikalischen Produktionen seiner Schule mitgewirkt, war zu Konzerten und Musikertreffen gefahren und hatte einen großen Teil seiner schulfreien Zeit am Klavier verbracht. Da hörte ich ihn wohl, wenn ich zu Hause war, aber er lebte da in einer Welt, die mir eher verschlossen war. Trotzdem spürte ich die Veränderung, als er auszog. Wir hatten nicht viel miteinander gesprochen, aber jetzt merkte ich, wie wichtig diese kurzen Unterhaltungen für mich gewesen waren. Wir hatten gelernt, genau zuzuhören, und mir half es, wenn er meine wissenschaftlichen und politischen Probleme mitdachte. Ich glaube, ihm ging es genauso mit den musikalischen Vorstellungen, die ihm durch den Kopf gingen. Wir wussten, dass der andere nicht viel von diesen Überlegungen versteht, aber vielleicht gerade deshalb war er für sie ein wichtiger Spiegel.

Das fehlte mir nun. Umso wichtiger wurden die Begegnungen mit Michael. Zwar arbeiteten wir an verwandten Themen. Deshalb hatten die Gespräche einen anderen Charakter. Aber wir fanden bald Bereiche, in denen wir uns ergänzen konnten. Er liebte die Kunst und war mit einer Reihe jüngerer Künstler befreundet. Die traf ich nun auch gelegentlich. Ich ging ins Theater, wann immer es möglich war, und da kam er meistens mit. Die Arbeit in unserem Forum dauerte an. Wenn ich in der Hauptstadt war, blieb ich meist einen oder zwei Tage länger und wohnte bei ihm. Noch hielten wir die Tür zwischen den beiden Zimmern geschlossen, aber ich merkte, wie die Vertrautheit und die Sehnsucht nach körperlicher Nähe wuchsen. Irgendwann würden die Türen offen bleiben. Wir brauchten Zeit, uns daran zu gewöhnen, und ich war Michael dankbar, dass er mir diese Zeit ließ.

Meine Mutter hatte nichts gesagt, als sie merkte, dass ich für meine Aufenthalte in der Hauptstadt einen anderen Schlafplatz gefunden hatte. Als ich ihr das erste Mal von Michael erzählte, sagte sie nicht viel, sondern nur, sie verstehe gut, dass ich einen Partner in meiner Generation brauche. Sie akzeptierte ihn ohne Weiteres, als ich ihn einmal zu einem Besuch mitbrachte.

Die Arbeit im Forum machte Fortschritte. Eine Kommission aus Fachleuten hatte einen ersten Zwischenbericht über einen Kanon von Bildungsinhalten vorgestellt. Er war noch sehr allgemein, wies aber nach unserer Meinung in die richtige Richtung. Michael und ich moderierten eine Arbeitsgruppe, die sich mit den organisatorischen Unterschieden zwischen den Schulsystemen der Provinzen beschäftigte. Die Gruppe setzte sich im Übrigen aus Vertretern der Provinzen und einem Mitglied unserer Parteizentrale zusammen. Es war ein mühsames Geschäft, die vielen Unterschiede darzustellen und Vorschläge zu mehr Einheitlichkeit zu entwickeln. Am hilfreichsten waren unsere Parteifreunde aus jenen Provinzen, wo sie in der Opposition standen. Da konnten sie sich leicht gegen die Regierung profilieren. Da, wo sie selbst an der Regierung waren, kämpften sie zäh um jede Besonderheit. Jede Abweichung würden sie zuhause gegen die Regierung und wohl auch gegen einen Teil der Bevölkerung verteidigen müssen. Aber wir machten langsam Fortschritte. Erste praktische Erfolge stellten sich ein, als eine unserer Regierungen tatsächlich auf einige der Vorschläge einging und die entsprechenden Gesetze und Verordnungen anpasste. Es ging da tatsächlich nur um kleine Veränderungen, aber wir hatten das Gefühl, sie gingen in die richtige Richtung und könnten uns weitere Schritte ermöglichen und erleichtern.

Bei den Finanzpolitikern dagegen hakte es. Unsere Forderung, die Bildungssysteme langfristig ausreichend mit dem nötigen Geld zu versorgen, stieß auf massiven Widerstand. Niemand versuchte uns weiszumachen, dass man gute Bildung zum Nulltarif haben könne. Aber gesetzliche Festlegungen – nein das ginge zu weit. Da werde das Budgetrecht der Parlamente eingeschränkt, man müsse die wirtschaftlichen Entwicklungen berücksichtigen, und es gebe ja auch noch die Sparverpflichtung der öffentlichen Haushalte. Wir konnten nur hoffen, dass die Fortschritte in den anderen Bereichen eines Tages auch die Bedenkenträger aus der Finanzpolitik mitreißen würde. Wenn der politische Wille zur Veränderung da ist, wird es auch die Mehrheiten geben, die die nötigen Mittel bewilligen werden.

16

In dieser Zeit veränderte sich mein Leben noch einmal nachhaltig. Ich bewarb mich auf eine Stelle an der Hauptstadt-Universität und bekam das Ordinariat für Politische Wissenschaft mit Schwerpunkt Institutionenkunde und -theorie. Gleichzeitig musste ich die Direktorenstelle am Politologischen Seminar übernehmen.

Das bedeutete zunächst einen Umzug. Ich erzählte Katja und Simon von meinen Plänen. Ich wunderte mich, dass beide etwas versonnen lächelten. Schließlich sagte Simon: „Wir werden in einigen Monaten hier ausziehen und haben uns gefragt, was wir mit dem Haus anfangen sollen. Du kannst es haben, es wird dir ohnehin einmal gehören." „Wo wollt ihr hin?" Katja lachte: „Jedenfalls nicht nach Mallorca oder nach Florida. Wir bleiben hier in der Stadt. Aber wir haben uns seit einigen Jahren an einem Projekt für betreutes Wohnen in einem innerstädtischen Bezirk beteiligt, und nun wird dort eine schöne Wohnung frei. Da können wir es etwas ruhiger angehen lassen."

Über eine solche Möglichkeit hatte ich noch gar nicht nachgedacht. Gewiss, Simon war 87 und Katja immerhin 77, da lag der Gedanke nahe. Beide waren noch gesund, auch wenn Simon vor ein paar Jahren einen leichten Schlaganfall überstanden hatte. Doch, das war eigentlich auch für mich die beste Lösung. Ich musste keine Wohnung suchen, ich würde ausreichend Platz haben, und ich kannte das Haus. Ich brauche immer ein wenig Zeit, um mich an eine neue Wohnung zu gewöhnen. Das wird also entfallen.

Eigentlich war das Haus für mich allein zu groß. Aber wäre das nicht der richtige Anlass, mit Michael zusammenzuziehen? Vielleicht zu heiraten? Ich hatte mit dem Gedanken immer mal wieder gespielt. Aber nun lag diese Lösung nahe. Es wäre auch reichlich Platz für Frank-Jacob, falls er noch einmal zur Familie ziehen wollte. Seine zwei Studienjahre in Rochester gingen zu Ende. Er hatte sich bei verschiedenen einheimischen Hochschulen beworben. Mal sehen, wohin es ihn verschlagen würde.

Also sagte ich: „Da scheint ja wirklich ein guter Geist die Fäden gezogen zu haben. Ich kann mir nichts Besseres vorstellen, als hier wieder einzuziehen. Vielleicht kann ich Michael dazu bringen, dass er sich anschließt. Und für Frank-Jacob wäre auch noch Platz."

Michael musste das Angebot, das ich ihm machte, erst einmal von allen Seiten beleuchten. Das ist so seine Art. „Ich kann mir nichts Schöneres denken, als mein Leben in so enger Verbindung mit dir zu leben", sagte er. Aber natürlich gab es da auch mögliche Einwände. Wären wir beide in der Lage, nach so langer Zeit einen Teil unserer Selbstbestimmung wieder aufzugeben, denn darauf liefe es ja hinaus. Die Gedanken wogten eine Weile hin und her, aber ich wusste, und er wusste es auch, wie er nachher zugab, dass er sich am Ende dafür entscheiden würde, zu mir zu ziehen. Schließlich, sagte er, seien wir ja beide durch unsere Berufe selbständig genug. Da werde und könne so eine Anbindung eigentlich nur guttun.

Er hatte übrigens für die kommenden Wahlen einen Wahlkreis in der Hauptstadt gewinnen können. Einer seiner Freunde aus der Fraktion wechselte in eine Stellung bei einer Gewerkschaft und hatte ihn in seinem Wahlkreis empfohlen. Das würde sein Leben zusätzlich erleichtern.

Also zog ich nach Ende meines letzten Semesters im Ausland schon einmal in zwei Zimmer unseres Hauses, half Katja und Simon ein bisschen mit beim Umzug, richtete mich mit meinen und den zurückgebliebenen Möbeln ein, und dann schlug auch Michael seine Zelte endgültig unter meinem Dach auf. Frank-Jacob kam für einige Wochen nach seiner Rückkehr aus den USA, dann zog er an seinen neuen Studienort. Er hatte einen Studienplatz an einer der bekanntesten Musikhochschulen unseres Landes erhalten.

Ich war durch die Vorbereitung auf meine neuen Aufgaben stark in Anspruch genommen, und Michael steckte schon voll im Vor-Wahlkampf. Also änderte sich für uns erst einmal nicht viel. Er hatte seinen eigenen Bereich, und nur zum Essen sahen wir uns, wenn wir beide zuhause waren. Ab und zu schlich er sich nachts in mein Schlafzimmer, und manchmal schlüpfte ich zu ihm.

17

Aber es warteten noch mehr Veränderungen auf uns. Ich wurde schwanger. Eigentlich hatte ich nicht mehr damit gerechnet, aber ich kann nicht sagen, dass ich unglücklich darüber war. Zwar war es schon eine Herausforderung, dass ich mich 21 Jahre nach meinem ersten Kind noch einmal auf Schwangerschaft, Niederkunft und ein Baby in der Familie einstellen musste. Aber ich hatte es auch immer bedauert, dass ich nur diesen einen Sohn hatte, und nun freuten wir uns auf das neue Leben. Es ging mir gut, und ich hatte keine Probleme, mich in meine neue Stellung einzuarbeiten. Die Präsidentin der Universität legte ihre Stirn in Falten, als ich ihr mitteilte, dass ich für ein paar Wochen im nächsten Semester ausfallen würde. Aber dann hellte sich ihr Gesicht wieder auf und sie wünschte mir Glück. „Das wäre mir am Anfang meiner Präsidentschaft auch beinahe passiert“, sagte sie, „und es tut mir heute noch leid, dass es nicht passiert ist.“

Wir hatten am Seminar noch zwei Ordinarien und einen Extraordinarius außer mehreren Dozenten und Akademischen Räten. Da würde sich eine Vertretung leicht einrichten lassen. Tatsächlich behielt ich die Fäden auch während der Babypause in der Hand, denn mein Stellvertreter beriet sich bei allen Entscheidungen sehr loyal mit mir.

Die Wahl zum nationalen Parlament brachte für uns ein kurioses Ergebnis. Zwar gewann unsere Partei die Mehrheit im Parlament und konnte den Ministerpräsidenten stellen, aber Michael verpasste seinen Wiedereinzug. In seinem Wahlkreis hatte sich ein bekannter Schriftsteller für die Marxistische Linke aufstellen lassen, und der nahm Michael so viele Stimmen weg, dass ein Konservativer die Direktwahl gewann. Und auf der Liste hatte er als Neuling im Landesverband auch keine ausreichende Absicherung bekommen. Nun blieb er also erst einmal zu Hause und übte sich als Hausmann. Das war für mich nicht unangenehm, denn so konnte ich meine Uni-Pflichten leichter wahrnehmen.

Als der Zeitpunkt der Niederkunft näher kam, fragte Michael, ob wir nicht vorher heiraten sollten. „Ich denke, in unserem Verhältnis würde sich nichts ändern, aber ich hätte ein ruhigeres Gefühl, wenn ich an das Kind denke.“ Ich hatte mir das auch schon überlegt und war zu einem ähnlichen Ergebnis gekommen. Also bestellten wir einen Termin beim Standesamt, trafen uns danach mit Frank-Jacob, Katja und Simon, Mark und seiner Frau und ein paar Freunden in einem Café in der Innenstadt und saßen einen Nachmittag gemütlich zusammen. Auch mein Cousin Jules war da. Er hatte inzwischen eine Zeitschrift gegründet, die sich knapp über Wasser hielt, und brachte seine Freundin mit.

Die Ärzte bestätigten, dass ich unbesorgt auf die Niederkunft warten könne. Wegen meines Alters rieten sie mir zum Kaiserschnitt, und so kam unsere kleine Tochter an einem Montag Vormittag gesund auf die Welt. Michael war dabei, und er durfte das Kind schon einmal in den Arm nehmen, bevor ich aus der Narkose erwachte. Nach ein paar Tagen konnten wir das Krankenhaus verlassen, und in unserem ruhigen Haus begann ein neues Leben.

18

Die kleine Henriette veränderte unser Leben am nachhaltigsten. Den Tages- und Nachtrhythmus bestimmte ihr Geschrei, wenn sie Hunger hatte oder gewickelt werden wollte. Unser Haus lag am Rand einer Siedlung, und unser Garten ging fast unmerklich in Felder und Wiesen über. Da hatten wir genug Wege, um die Kleine im Kinderwagen an die frische Luft zu bringen. Erst gingen wir gemeinsam, später, als ich wieder stärker im Institut gefordert war, abwechselnd. Wir interessierten uns nicht mehr nur für die Regierungsbildung oder die Bildungspolitik unserer Partei, sondern wir fragten nach Quellen für naturbelassene Babynahrung, informierten uns über Kinderkrankheiten, legten ein Fotoalbum „Für Henriette“ an und schrieben gemeinsam an einem Tagebuch. Wir waren erstaunt, wie viel es täglich aufzuschreiben gab, wann sich welche neuen Fähigkeiten oder Errungenschaften unserer kleinen Tochter einstellten. Dass sie zum ersten Mal lächelte, wann sie zum ersten Mal durchschlief, dass sich die Zahl ihrer Mahlzeiten verringerte, wie sie mit ihren kleinen Spielsachen umging, dass sie anfing zu krabbeln – das fanden wir alles sehr viel spannender als die Neuigkeiten, die uns die Zeitungen und das Fernsehen boten. Wir lernten eine weitere Cousine kennen, die Schwester Judith von Jules d'Arbre, eine Kinderärztin, und wir wurden Freundinnen.

Ich beendete meine Mitarbeit im Forum Schulpolitik, dafür wurde Michael gebeten, die Arbeit in diesem Gremium zu leiten. Daraus entwickelte sich dann das Angebot, im Büro des Fraktionsvorstands als Referent für Bildungspolitik mitzuarbeiten. Das war zuerst nur eine halbe Stelle, und das erleichterte es uns, unser Kind gemeinsam zu betreuen, auch nachdem ich wieder voll in meine Arbeit eingestiegen war. Später bekam er eine zweite halbe Stelle dazu für den Bereich Politische Grundsatzfragen. „Das liegt mir eigentlich viel besser als die Tätigkeit des Abgeordneten", sagte er nach einiger Zeit. „Hier kann ich auch einmal auf längere Sicht arbeiten und muss nicht immer den gerade aktuellen Themen hinterherhecheln."

Für mein Institut konnte ich von der Regierung den Auftrag erhalten, die Diskussion über die gerade geplante Wahlrechtsreform wissenschaftlich zu begleiten. Wir hatten uns auf eine ordentliche Ausschreibung des Innenministeriums anonym beworben, und unser Angebot erhielt den Zuschlag nach der Bewertung durch eine Kommission aus allen Parlamentsfraktionen. Trotzdem gab es in der kritischen Presse bösartige Rückfragen, welche Rolle die „Tochter von Welzin" und die „Parteigenossin des Innenministers" bei dieser Entscheidung gespielt habe. Aber wir hatten ein gutes Gewissen, und nach einiger Zeit hörten die Sticheleien auf.

Michael und ich hatten uns übrigens darauf geeinigt, unsere Namen beizubehalten, und auch unsere Tochter erhielt meinen Familiennamen. „Man muss die Leute ja nicht mit Portassarian irritieren, wenn das Kind Rotbauer heißen kann", sagte Michael.

19

Das Institut hatte sich durch seine Bewerbung beim Innenministerium verpflichtet, eine grundsätzliche Stellungnahme zur Wahlrechtsreform abzugeben und die Vorschläge, die im Parlament diskutiert wurden, kritisch zu bewerten. Zur Vorbereitung bot ich ein Oberseminar über Wahlrecht an. Der Zulauf war stark, sodass ich eine Vorauswahl der Studenten vornehmen musste. Ein Student im dritten Semester, den wir dabei aus der Liste gestrichen hatten, meldete sich in der Sprechstunde. Ich erklärte ihm, dass die Teilnehmer anspruchsvolle Seminararbeiten beisteuern müssten, und dass wir deshalb die älteren Semester bevorzugten. Aber er wollte sich so schnell nicht abweisen lassen.

„Haben Sie schon einmal vom ‚Wintzen'schen Modell' gehört? Viktor Wintzen war mein Onkel, und er hat vor dreißig Jahren dieses Modell entwickelt. Leider hat es damals niemand ernst genommen, und nun lebt er nicht mehr. Ich habe mir in den Ferien von meiner Tante seine Aufzeichnungen und Berechnungen geben lassen und kann sie im Seminar vorstellen." Von Viktor Wintzen und seinem Modell hatte ich tatsächlich noch nichts gehört, deshalb schlug ich dem jungen Mann vor, mir in einem knappen Exposé die Vorstellungen seines Onkels zu skizzieren. Davon würde ich seine Aufnahme in das Seminar abhängig machen.

Mein Ziel war es, die gesellschaftlichen Folgen von Wahlrechtsmodellen darzustellen. Es geht beim Wahlrecht nicht nur um technische Vorgehensweisen, sondern es bestimmt die politischen Prozesse und die gesellschaftlichen Strukturen. Wer also das Wahlrecht ändert, muss wissen, was er damit erreichen will. Es kam mir darauf an, den Abgeordneten, die am Ende entscheiden mussten, diese Alternativen deutlich zu machen. Sie sollten nicht erst ein paar Jahre später feststellen müssen, dass sie Politik und Gesellschaft verändert hatten, ohne dass sie das beabsichtigt hatten.

Das war Wintzen mit seinem Modell bewusst gewesen, und das Exposé, das mir sein Neffe brachte, machte das klar. Der hieß übrigens Benno Moldenhewer-Wintzen, und da mir der Name zu lang war, nannte ich ihn bei mir einfach BMW. Die Modellskizze, die er mir brachte, ging von Dreierwahlkreisen aus, in denen jeweils drei Abgeordnete direkt gewählt werden. Listen würden wegfallen, aber da ja die zweitstärkste Partei in der Regel auch einen Sitz im Wahlkreis erhalten würde, käme es nicht zu den Ungleichgewichten einer einfachen Mehrheitswahl, und die Gebiete mit einer klaren Dominanz einer Partei würden politisch nicht veröden. „Die Wahlen werden nicht in den Hochburgen entschieden, sondern in den umstrittenen Wahlkreisen, wo es darum geht, welche Partei zwei Sitze erobert. Und auch kleinere Parteien könnten es schaffen, in einigen Wahlkreisen einen der drei Abgeordneten zu stellen." Damit schloss sein Exposé, und ich teilte ihm mit, dass ich ihn in das Seminar aufnehmen würde.

Die politische Diskussion über das neue Wahlrecht war eine Zeitlang recht ruhig verlaufen. Die Fraktionen hatten ihre Spezialisten, und die hatten sich rasch auf einige Grundzüge verständigt. Es ging um eine Verstärkung des Mehrheitsprinzips. Das sollte empfindlicher auf

Veränderung in der Wählerlandschaft reagieren als das viel trägere Verhältnissystem, und es sollte für klare Mehrheiten im Parlament sorgen. Einige der Abgeordneten, die sich um das Thema im Auftrag ihrer Fraktionen kümmerten, hatten wir zu Gastreferaten in das Seminar eingeladen. Zu einer gemeinsamen Klausurtagung hatte das Parlamentspräsidium die Spezialisten und unser Seminar in ein herrschaftliches Wasserschloss eingeladen. Die Diskussionen verliefen sehr sachlich. Das Modell von Viktor Wintzen gewann breite Zustimmung, und BMW avancierte zum Star unseres Seminars. Aber plötzlich kochte die Diskussion hoch, als nämlich zahlreiche Abgeordnete merkten, dass das neue Wahlrecht ihre Wiederwahl in Frage stellen würde. Das waren naturgemäß vor allem Abgeordnete der kleinen Parteien. Da hatten sich auf den vorderen Listenplätzen immer ein Paar Platzhirsche behaupten können. Aber würden sie es schaffen, in einem wie auch immer gearteten Mehrheitssystem ins Parlament zu kommen? Ich erhielt Einladungen in die Fraktionen. Es gab hitzige Debatten. Einer der betroffenen Abgeordneten nannte mich einen „Totengräber demokratischer Vielfalt“. Es half nichts, dass ich ihm erklärte, ich stelle nur auftragsgemäß verschiedene Modelle vor, über die dann das Parlament zu entscheiden habe. Ich wolle wohl, setzte er nach, die absolute Mehrheit, die mein Vater „in einer Ausnahmesituation“ errungen habe, zum Regelfall machen.

Da war wieder dieser wunde Punkt. Konnte man denn mit mir nicht einfach über eine Sache reden, ohne immer meinen Vater hineinzuziehen? Ich muss dem Kritiker ziemlich scharf geantwortet haben, denn nach der Sitzung entschuldigte er sich und sagte, er habe das nicht persönlich gemeint.

Allmählich aber bekamen auch die großen Parteien, die ja von einem solchen Wahlrecht eher profitieren würden, kalte Füße. Müssten dann nicht die drei Bewerber einer Partei in einem solchen Wahlkreis gegeneinander Wahlkampf machen? Und eigentlich wollte man wohl lieber die eigenen Hochburgen pflegen als sich in aufreibende Kämpfe in umstrittenen Wahlkreisen zu verwickeln. So endete denn die Diskussion über das neue Wahlrecht damit, dass man einige Wahlkreise neu zuschnitt, und damit der Bevölkerungsentwicklung Rechnung trug. Das Wintzen-Modell verschwand in den Seminararbeiten. Aber es gelang mir, das Referat von BMW in einer Fachzeitschrift unterzubringen, und dort sorgt es immer mal wieder für anerkennende oder kritische Stellungnahmen, so dass es nicht ganz in Vergessenheit gerät. Und vielleicht gelingt ihm von dort auch eines Tages, wenn sich die Erde ein paarmal weiter gedreht hat, eine Wiederauferstehung.

Als meine Mutter Katja 80 wurde, veranstaltete die Stiftung einen großen Empfang. Da kamen viele der Wissenschaftler, die bei ihren Veranstaltungen mitgewirkt hatten, ehemalige Stipendiaten, die Spitzen der Konservativen Partei und sogar der regierende Ministerpräsident und sein Wissenschaftsminister, beide Sozialisten. Katja hatte sich lange gegen diese Feier gewehrt, aber da sie mit 76 Jahren ihren Sitz im Vorstand der Stiftung abgegeben hatte, hatte sie keinen Einfluss mehr auf solche Entscheidungen. Sie hatte aber darauf bestanden, dass auch die Familie eingeladen wurde. Ihre drei Geschwister lebten noch, sie waren da und einige Nichten und Neffen. Franks Schwester war vor einigen Jahren gestorben, aber ihre beiden Söhne kamen. Natürlich Michael und ich mit Henriette, die gerade sechs geworden war. Frank-Jacob hatte einen Studienaufenthalt in Estland für ein paar Tage unterbrochen.
Es war viel die Rede von Frank und den zahlreichen Initiativen, die auf ihn und die Arbeit der Stiftung zurückgingen. „Sie haben unser Land verändert“, sagte der Vorsitzende der Konservativen, und „Unser Land ist durch Sie menschlicher geworden“ der Ministerpräsident. Es gab eine neue Monographie über meinen Vater, und sie wurde ihr feierlich überreicht. Aber auch eine Biographie über sie als langjährige Vorsitzende der Stiftung war erschienen, und darüber war sie ehrlich erstaunt, denn sie hatte nichts davon gewusst. Mich hatte der Verfasser vorher konsultiert. Er war für mehrere Jahre Katjas Stellvertreter gewesen und kannte sie gut.

Einige neuere Bücher über Themen, die ihr besonders am Herzen gelegen hatten, waren ihr gewidmet worden.
Aber die größte Überraschung für sie war eine Komposition von Frank-Jacob, die er für sie geschrieben hatte und auf dem Flügel spielte. Es war eine „Fuge im Bachschen Stil". Sie war nicht in einer bestimmten Tonart geschrieben, war also atonal, wie Frank-Jacob den Zuhörern kurz erklärte. Erstaunlich war, dass sie trotzdem ganz harmonisch klang, jedenfalls in meinen ungeübten Ohren. Natürlich hörten alle Gespräche auf, als er zu spielen anfing, aber je länger das Stück dauerte, desto stiller wurde es. Man spürte die Anspannung der Hörer auf die Musik, die sich erst einige Sekunden nach dem Ende in einem lang anhaltenden Beifall Luft machte.
Das Stück bezeichnete das Ende des offiziellen Programms. Einige der hochrangigen Politiker verabschiedeten sich, sie hatten ja wohl Wichtiges zu tun, andere Gäste setzten sich in Gruppen zusammen oder drängten sich am Büfett. Ich stand mit einem halben Brötchen und einem Glas Sekt einen Augenblick allein, da winkte mich Simon in eine Ecke des geräumigen Saals. Ich sah noch, dass sich Michael um Henriette kümmerte, dann setzte ich mich zu ihm.
„Ich finde es sehr in Ordnung", fing er an, „dass Katja auch einmal im Mittelpunkt steht. Sie ist tatsächlich eine der einflussreichsten Politikerinnen in unserem Land." Ich sah ihn erstaunt an. „Früher habe ich gedacht, Politiker müssen in ein Amt gewählt werden, das ihnen Macht zuteilt. Und ihre Politik besteht darin, dass sie diese Macht ausüben. Hoffentlich im Interesse der

Menschen, die sie gewählt haben. Aber das stimmt nur zum Teil. Man kann Politik treiben, also die Gesellschaft mitformen, ohne ein Amt zu besitzen.
Mir wurde das zuerst klar, als Frank sein Amt verlor. Ich habe damals etwas kühn behauptet, dass sein Einfluss dadurch noch wachsen werde. Und es hat erstaunlicherweise gestimmt. Als du die Stelle im Ministerium bekommen hast, dachten Mark und ich, jetzt ist sie auf dem Weg in ein Regierungsamt. Wir sahen dich schon als Ministerin. Aber du hast einen anderen Pfad eingeschlagen. Da haben wir uns an Frank erinnert und uns gesagt, vielleicht ist sie klüger."
„Viel habe ich allerdings auch nicht erreicht", sagte ich, „ein kleiner Schritt in der Schulpolitik und ein noch kleinerer beim Wahlrecht." Jetzt lachte Simon. „Das ist doch mehr, als sich mancher Ministerpräsident auf seine Fahne schreiben kann, wenn er ehrlich ist." „Und auch diese bescheidenen Schritte waren nur möglich, weil es Amtsträger gab, die sie umgesetzt haben. Vielleicht nicht gern, aber was ist der Volkswille, wenn er nicht auch Strukturen schafft." Simon legte mir die Hand aufs Knie. „Da spricht die Politologin. Du hast ja Recht. Aber wir freuen uns, dass du auf deine eigene Weise Nachfolgerin deines Vaters geworden bist. Du hast einmal gesagt, du wolltest nicht immer nur seine Tochter sein. Daran kannst du nichts ändern. Doch du bist es auf deine ganz eigene und selbständige Art geworden. Das wollte ich dir sagen, bevor ich es nicht mehr sagen kann."
Sein letzter Satz erschreckte mich. Gewiss, er war fast neunzig, aber es ging ihm doch noch recht gut. Ich sah

ihn an. Die Falten in seinem Gesicht waren schärfer geworden. Die Augen lagen tief in den Höhlen. Die Haut wirkte fahl. „Wenn ich gehe", sagte er, „kümmere dich um Katja. Sie musste einen großen Teil ihres Lebens allein meistern, und sie hat große Stärke bewiesen. Aber wir haben beide diese vergangenen Jahre genossen, in denen wir unsere Aufgaben und Sorgen, auch die Erfolge und Freuden des Lebens teilen konnten. Nun wird sie wieder für einige Zeit allein bleiben müssen."

Er schwieg. Ich wollte ihm widersprechen. Aber er winkte ab. „Ich weiß, was du sagen willst. Aber ich spüre, dass sich mein Leben vollendet. Es war ein gutes Leben. Ich gehe nicht gern, aber ich habe gelernt, mich in mein Schicksal zu fügen."

Zwei Wochen nach diesem Gespräch starb er.

Der Enkel

Epilog

1

Mein achtzigster Geburtstag liegt jetzt einige Jahre zurück. Inzwischen ist Simon gestorben, und ich musste zum zweiten Mal am Grab eines Ehemannes stehen, zum zweiten Mal mein Leben neu ordnen. Nur bin ich jetzt beinahe doppelt so alt wie beim Tod von Frank. Die großen Aufgaben, die ich damals, mehr geschoben als freiwillig, übernahm, sind bearbeitet und auf einem guten Weg. Ich bin gesund und sehe der Zukunft neugierig und erwartungsvoll entgegen. Aber der Wunsch, ein Erbe zu übernehmen und verantwortungsvoll zu gestalten, hat sich verbraucht. Ich muss mich nicht noch einmal zu einem großen Werk verpflichten.

Ich habe Zeit gebraucht, um diese Gewissheit zu gewinnen. Aber nun, da ich zur Ruhe gekommen bin, entfaltet sich die Erinnerung an ein reiches und vielseitiges Leben wie ein Panorama, das sich von einem hohen Berg erschließt. Da sind weite und fruchtbare Ebenen, dunkle, aber auch anheimelnde Wälder, reißende Bäche und ruhige Flüsse, und in der Ferne ahne ich das Meer, in das der Strom meines Lebens eines Tages münden wird. Und dazwischen Berge und Hügel, sanfte Kuppen und steile Felsen, festliche und trostlose Tage, die es zu übersteigen und zu bewältigen galt.

Zu meiner eigenen Überraschung ist einer der letzten Höhepunkte, den ich noch ganz nah anschaue, die „Fuge im Bachschen Stil", die mein Enkel Frank-Jacob für meinen Geburtstag komponiert und aufgeführt hat. Ich bin kein großer Musikkenner. Im Schulchor habe ich mitgesungen, aber über ein paar muntere Volkslieder und Beethovens „Lied an die Freude“ sind wir nicht hinausgekommen. Mein Vater sang im Feuerwehrchor und meine Mutter konnte sich bei aller Arbeit auch einmal still hinsetzen, wenn im Radio ein Schubet-Lied erklang. Die Jahre mit Frank waren voller Aktivität, und die Jahre nach seinem Tod waren es fast noch mehr, sodass es kaum zu einem repräsentativen Konzert im Jahr gereicht hat. Simon hatte mehr Verständnis für Musik, aber er war kein Missionar, der mich zu dieser Kunst hätte bekehren wollen.

Doch die Fuge meines Enkels hat mich aufhorchen lassen. Das waren keine wohltuend harmonischen Klänge, sie riefen keine wohligen Stimmungen hervor, aber was mich daran faszinierte, war die spröde Konsequenz, die das Stück vom ersten bis zum letzten Ton durchzog. Ich hatte immer das Gefühl, ja, genauso muss es weitergehen, auch wenn die Stimmen zu einer harten Dissonanz verschmolzen. Was eine Fuge ist, das wusste ich noch einigermaßen aus dem Musikunterricht. Solche Musik hatte mich schon als Schülerin angesprochen. Ich hatte immer Sinn für Ordnung und Struktur, und gegen überströmende Stimmungen war ich empfindlich. Was diese atonale Komposition nun freilich mit dem großen Bach zu tun haben sollte, war mir verschlossen geblieben, und ich nahm mir vor, Frank-Jacob danach zu fragen, wenn ich ihn einmal zu fassen bekäme.

2

Erst nach einigen Monaten ergab sich die Gelegenheit. Frank-Jacob hatte während des Wintersemesters einen Meisterkurs in New York belegt, und gleich danach wurde er als „composer in residence" zu einem Musikfestival nach Schottland eingeladen. Aber bevor er sich dann zu einer Konzertreise nach Portugal aufmachte – er dirigierte ein Kammerorchester mit eigenen Kompositionen – legte er einen kurzen Zwischenaufenthalt bei seiner Mutter ein. Zu einem Glas Tee bei mir nahm er sich Zeit. Er brachte mir eine CD mit, auf der er seine Bachsche Fuge eingespielt hatte.

„Was hat denn deine Fuge mit Bach zu tun?" fragte ich ihn, als er sie mir auf den Tisch legte. Er lachte. „Das wollen immer alle wissen", sagte er. „Aber sie haben doch Recht", warf ich ein. Er nickte. „Darauf gibt es eine schwierige, musikgeschichtliche, und eine einfache, lebenspraktische Antwort. Du willst sicher die zweite hören.

Ich möchte", sagte er „dass meine Musik so politisch ist wie die von Johann Sebastian Bach." Er machte eine Pause, weil er wohl auf eine Frage wartete, aber ich sagte nichts. „Du wirst dich sicher über diese Antwort wundern. Was hat Bach mit Politik zu tun? Ist seine Musik nicht eher ein religiöses Bekenntnis?" Er machte wieder eine Pause, als ob er von mir eine Antwort auf seine rhetorischen Fragen erwartete. Stattdessen sagte ich: „Bei politischer Musik würde ich eher an die ‚Finlandia' denken." Mein Enkel lächelte. Sein Lächeln war freundlich, es sollte nicht überlegen wirken. „Du könntest auch Tschaikowskis ‚1812' nennen. Besser noch den Gefangenenchor aus ‚Fidelio'. Der Aufruf zum Freiheitskampf bei Sibelius ist einmalig, der galt nur für seine finnischen Landsleute, die ihre Volksweisen aus der Komposition heraushörten. Bei Beethoven ist das schon allgemeiner. Sein Ruf kann überall verstanden werden. Aber das Thema seiner politischen Botschaft kann ich klar nennen: Freiheit. Das sind alles, wenn du so willst, Beispiele politischer Musik. Aber bei Bach ist das noch wieder ganz anders.“ Er überlegte wohl, wie er mir das begreiflich machen könnte.

„Stell dir mal vor, Großvater hätte sich statt seiner berühmten Rede vor der Vertrauensabstimmung ans Klavier gesetzt und dieses Stück gespielt.“ Er stand auf, klappte den Klavierdeckel auf und setzte sich. Ohne Zögern begann er. Zuerst fiel mir auf, dass er mit der rechten Hand einmal oben und dann wieder unten, unter der linken, spielte. Diese Bewegung faszinierte mich. Hin- und herspringen, meinte er das mit „politisch“? Das würde nun aber gar nicht zu Franks Vertrauens-Rede passen, denn da war er immer geradeaus gegangen und nicht vom Weg gewichen. Bei der Wiederholung merkte ich, dass da noch etwas anderes geschah. Ich schloss die Augen, damit die Bewegung der Hände mich nicht ablenkte. Und auf einmal erfüllte mich ein solcher Wohlklang, dass ich mir wie in einer anderen Welt vorkam. Die Töne und Tongruppen folgten einander mit solcher Folgerichtigkeit, dass ich mich unwillkürlich in ihren Fortgang einreihte. Was wäre geschehen, wenn Frank tatsächlich im Parlament diese Musik hätte spielen können? Ich versetzte mich in die Rolle seiner Kritiker. Vielleicht widerstrebend, aber fast willenlos, hätten sie dieser Musik folgen müssen. Was immer sie in Gedanken an ihre Wähler, an die Versprechungen, die sie ihren Freunden gemacht haben mochten, gegen Franks Gesetzesvorlage an Argumenten aufgebaut hätten, müsste in der Reinheit dieser Empfindung einfach wegschmelzen. Beinahe schelmisch jetzt der Schlussakkord, der sich in schwungvoller Brechung erhob. „Nun, was sagt ihr jetzt?“ fragte dieser Akkord, und Frank müsste in die strahlenden Gesichter der Abgeordneten geblickt haben. „Lass hören, was du dir von dem Gesetz versprichst. Vielleicht können wir dir folgen.“

Nach der Wiederholung des ersten Teils folgte der zweite in ähnlicher Form. Wohl andere Klänge, aber die gleiche zwingende Folgerichtigkeit und der gleiche schelmische Schlussakkord. Frank-Jacob blieb vor dem Klavier sitzen, als er verklungen war, dann drehte er sich zu mir um und legte den Finger an die Lippen. Nach kurzer Pause fing er noch einmal an. Aber diesmal war es eine ganz andere Musik.

Ein gebrochener Dreiklang nach oben, dann der obere Ton länger, kurz wiederholt. Das gleiche noch einmal, aber mit anderen Tönen. Dann ein Auf und Ab des Akkords, aber immer mit dem Drang nach oben. Alle drei Teile wiederholen sich, aber auf anderem Grundton. Ein zweiter Teil, der das Anfangsmotiv aufnimmt, aber erst beim letzten Mal oben verharrt. Das Drängen der aufsteigenden Akkorde nimmt zu. Ein weiterer kurzer Satz, die Dreiklänge jetzt in schnelle Läufe aufgelöst, aber die gleichen Akkorde. Das muss eine Variation des vorigen Satzes sein. Das Drängen nach oben wird fast unerträglich, jedenfalls für den, der sich ihm widersetzt, der sich nicht mitreißen lässt.

Und noch ein Satz. Jetzt volle Akkorde nicht aufgelöst, diesmal von oben nach unten, immer einmal lang, einmal kurz. Wie eine Fanfare schneiden die Klänge. Wie eine Aufforderung das lang-kurz der Akkorde. Ja, jetzt ist es klar. Wir müssen den Aufbruch wagen und den Vorschlägen unseres Regierungschefs folgen. Kein feiges, ängstliches Zögern mehr. Werft eure kleinlichen Bedenken fort.

Ich atmete auf, als Frank-Jacob endete und sich wieder zu mir umdrehte. „Ja“, sagte ich, „jetzt haben wir den Mut gewonnen, den Vorschlägen zu folgen. Du hast ganz Recht, überzeugender als diese Musik kann keine Rede sein. Das war aber nicht beides Bach?“ „Nein“, sagte er, „das zweite waren die drei letzten der Händel-Variationen von Brahms, gewissermaßen das Präludium für die folgende Fuge. Mit der könntest du ein ganzes Heer von der Notwendigkeit überzeugen, die Alpen zu überqueren. Ich weiß nicht, wie Hannibal das geschafft hat ohne die Hilfe von Brahms.“ Er lachte. „Aber das erste war Bach, die Gigue aus der ersten Partita. Eines der großartigsten Stücke aus der ganzen Klavier-Literatur, genauso wie übrigens die Brahmssche Variationenkomposition.“

Wir schwiegen beide. In mir klangen noch immer die beiden Stücke nach, die ich eben gehört hatte. Durch die Aufbruchsrufe des zweiten schimmerte, je länger je mehr, wieder die heitere Reinheit des ersten. „Wenn dein Großvater diese Stücke hätte spielen können, dann hätte er jede Abstimmung gewonnen.“ „Das glaube ich gar nicht“, wandte mein Enkel ein, „es wäre immer auf die Qualität der Abstimmungsgegenstände angekommen.“

Nach einer Weile setzte er den Gedankengang fort. „Musik kann natürlich keine Inhalte bestimmen. Den Gesetzesantrag oder den Resolutionstext muss der Politiker schon selbst formulieren. Aber Politik besteht ja nicht nur aus Sachtexten. Jede Parlamentsdebatte lehrt dich, dass es auch entscheidend darauf ankommt, wie ein Antragsteller seinen Vorschlag vermittelt. In mindestens zwei Dritteln aller Parlamentssitzungen geht es um Emotionen, um Einstellungen, um Moral. Und die kann Musik ebenso gut vermitteln oder wahrscheinlich besser als jeder Parlamentsredner.“

Etwas war mir noch nicht klar. „Wenn es Musik gibt, die diese Wirkung hervorbringt, muss es dann nicht auch andere geben, die das Gegenteil bewirkt?“ „Selbstverständlich. Nimm irgendeine weichliche Salonmusik, die dazu verführt, sich gemütlich in seine Sofaecke zurückzuziehen und vor sich hin zu träumen.“ „Träumerei?“ fragte ich. „Nein, nicht, wenn du die von Schumann meinst. Die hat nämlich eine ähnliche Wirkung wie die Gigue von Bach. Sie ist so rein, so ohne doppelten Boden, dass es schwerfällt, danach noch irgendeine Intrige zu spinnen. Und überhaupt. Ich hätte dir statt dem Brahms und dem Bach auch hundert andere Stücke von Scarlatti bis Strawinsky oder Schönberg vorspielen können, natürlich alle großen Klassiker und Romantiker eingeschlossen, die eine vergleichbare Wirkung erzielen“.

Ein wenig hatte ich wohl verstanden von dem, was mein Enkel mir sagen wollte, aber sicher war ich mir noch nicht. „Ich schreibe gerade eine Integrations-Sinfonie. Du bekommst selbstverständlich eine Karte zur Uraufführung im nächsten Frühjahr. Vielleicht verstehst du mich dann besser."

Doch ich hatte noch einen Einwand: „Gibt es nicht auch das Recht auf ziellose Träume, auf Wohlbefinden, auf Meditation? Muss Musik immer Aufruf sein?" Frank-Jacob sah mich erstaunt an. „Natürlich hast du recht", sagte er schließlich, „aber vielleicht muss man achtzig sein, um das zu verstehen."

3

Es dauerte einige Zeit, bevor ich meinen Enkel Frank-Jacob wieder traf. Er war als Kompositionslehrer vertretungsweise an eine schwedische Musikhochschule berufen worden, an der er dann auch nach dem Ende der Vertretung als Juniorprofessor blieb. Meine Tochter leitete seine E-Mails, in denen er von seinen Erfahrungen berichtete, immer an mich weiter, sodass ich auch ein wenig informiert war über sein Ergehen. Ein paar Mal erwähnte er die Fortschritte bei der Komposition seiner Integrations-Sinfonie. Schließlich wurde der Termin der Uraufführung festgesetzt. Unser hauptstädtisches Sinfonie-Orchester würde sie im Rahmen der „Musik im Mai“ spielen.

Der Gedanke an diese Musik hatte mich immer wieder beschäftigt. Wie könnte er allein mit Tönen die Forderung vermitteln, dass wir als Menschen über alle Grenzen von Herkunft, Schicht, Sprache und Tradition hinweg wesentlich zusammengehören? Dass der andere nicht in erster Linie Türke oder Buddhist oder Arbeitnehmer ist, sondern Mitmensch? Dass bei allen Unterschieden, die natürlich bestehen und sogar bestehen bleiben sollen, die Gemeinsamkeit überwiegt?

Ich dachte, vielleicht sammelt er charakteristische Melodien aus verschiedenen Kulturen und arbeitet sie in ein gemeinsames Klanggeschehen ein. Oder es wird wieder eine Fuge, in der das gleiche Thema in verschiedener Gestalt erscheint, aber doch so, dass der Zusammenklang möglich bleibt. Ich erinnerte mich an eine Komposition von Charles Ives, die ich einmal bei einem

Besuch in den USA mit Simon gehört hatte. Da waren zwei Orchester mit völlig verschiedenen Musiken zuerst gegeneinander aufgetreten. Das hatte zu infernalischen Missklängen geführt, aus denen sich dann aber doch so etwas wie eine gemeinsame Musik herausgeschält hatte. Ich fragte meine Tochter, was sie sich unter einer Integrations-Sinfonie vorstelle. Sie zuckte die Achseln. „Ich habe es längst aufgegeben, mir über Frank-Jacobs Musik den Kopf zu zerbrechen. Ich verstehe sie überhaupt nicht, aber sie gefällt mir." Wir mussten also abwarten, ob die Aufführung dieses Stücks unsere Fragen beantworten würde.

Das Konzert war ausverkauft. Das war wohl nicht das Verdienst von Frank-Jacobs Uraufführung. Das Interesse galt in erster Linie dem berühmten Solisten aus Italien, der das erste Trompetenkonzert von Haydn spielte. Am Anfang eine Ouvertüre von Händel, und erst nach der Pause unser Stück. Ich fand das gewagt. Würden nicht viele Besucher nach dem Haydn-Konzert nach Hause gehen, ohne auf die womöglich recht misstönende moderne Musik zu warten? Natürlich waren Alisa und ihr Mann und deren Tochter Henriette auch da, und man hatte uns Freikarten für die erste Reihe zugeschickt.

In der Pause war ich so aufgeregt, als wäre es meine eigene Uraufführung. Wir trafen ein paar Bekannte. Sie jedenfalls waren geblieben. Ansonsten war das Publikum bunt gemischt. Zahlreiche Afrikaner, die wegen ihrer Hautfarbe sofort auffielen, ebenso Asiaten, teils in einheimischen Gewändern. Dann, wenn der optische Eindruck nicht täuschte, auch viele Menschen, die aus der Türkei oder dem Nahen Osten stammen mussten. Später hörten wir, dass man über die Immigranten-Vereine verbilligte Karten angeboten hatte. Was würden diese Menschen von einer Integrations-Sinfonie halten? Sie steckten ja mitten in diesem Prozess der Eingliederung. „Wir doch auch“, sagte mein Schwiegersohn, als ich eine Bemerkung darüber machte, „zur Integration gehören immer zwei.“

Als das Orchester vollzählig auf der Bühne saß und das Licht im Zuschauerraum wieder ausging, trat unser Generalmusikdirektor Professor Wingenstein an sein Dirigentenpult, drehte sich zu uns um, und kündigte uns die erwartete Uraufführung an. „Der Komponist selbst“, fügte er hinzu, „wird sie dirigieren.“ Wir sahen uns an. Wer hatte das vorher gewusst? Nur Henriette lächelte überlegen. Seiner Schwester schien Frank-Jacob die Überraschung angekündigt zu haben. Der Generalmusikdirektor trat ab, und von der Seite kam mein Enkel, ganz standesgemäß im Frack, von freundlichem Beifall begrüßt, verbeugte sich, wagte einen verstohlenen Blick in unsere Richtung und drehte sich dem Orchester zu. Würde das Stück laut oder leise beginnen?

Es begann sehr präzis mit einem kurzen Thema von der Oboe, dann setzten die anderen Instrumente nacheinander mit dem gleichen Thema ein, aber im Rhythmus und, wie mir schien, in der Tonart unterschieden sich die kurzen Melodien. Es entstand ein etwas wirrer, ziemlich leiser Klangteppich, aus dem dann die Posaunen mit einem neuen Motiv hervorbrachen. Es wurde von den Holzbläsern, dann von den Streichern aufgenommen und sehr schlicht harmonisiert. In dieses eher gleichförmige Lied, das in mehreren Strophen wiederholt wurde, tropfte von oben – es waren die Piccolo-Flöten, dann auch die Flöten und Oboen – das Anfangsmotiv wieder herein. Inzwischen hatte ein Saxofon-Quartett das Lied übernommen und variierte es jazzartig, während das Anfangsmotiv, inzwischen auch von den Streichern unisono aufgenommen, unbeirrt über den wild improvisierenden Saxofonen fortschritt, sich weiter entwickelte und schließlich in einen viel-harmonischen Schlusssatz mündete. Jetzt war es wirklich ein Chaos, eigentlich ein doppeltes Chaos aus den klassischen Sinfonie-Instrumenten und aus dem Saxofon-Jazz-Quartett. Es hörte plötzlich auf. Die Stille schien lauter als der musikalische Lärm vorher. Der Dirigent bewegte weiterhin fast unmerklich seinen Stab, bis er nach ein paar stummen Takten einen neuen Einsatz gab. Eine kurze absteigende Linie aus vier Tönen, zuerst von den Kontrabässen, dann zweistimmig zusammen mit den Flöten, immer mehr Stimmen fügten sich in diese Bewegung ein, die Celli, die Hörner, die Trompeten, zuletzt die Bratschen und Geigen, alle parallel auf den ihnen zugewiesenen Tönen. Es blieb bei der ruhigen absteigenden Linie, ihre Eindringlichkeit wuchs mit der Vielstimmigkeit. Merkwürdig, die scharfen Dissonanzen, die zwischen den Stimmen entstanden, rüttelten nicht auf, sondern wirkten beruhigend, oder nein, ihre traurige Resignation schien zu sagen: Gebt's auf, ihr könnt doch nichts tun. Und genau so verhielten sich die Instrumente, sie hörten eines nach dem anderen einfach auf, bis zuletzt nur noch die Flöten und Kontrabässe, dann die Bässe allein, fast unhörbar, ihre vier Töne herabstiegen.

Auch die folgende Pause zählte der Dirigent durch. Eigentlich erwartete ich einen kakophonischen Ausbruch, der uns aus der Resignation reißen sollte, aber stattdessen kam, laut und von allen Blechbläsern unisono, ein einziger Ton. Er dauerte an, behielt seine Lautstärke bei, bis er nach oben und unten ausfaserte, und nach einiger Zeit ertönte ein strahlender Dur-Akkord. Jetzt fielen alle Streicher ein und entwickelten auf der Grundlage dieses Akkords einen choralartigen Satz. Ich sage: entwickelten, denn der Choral war nicht gleich da, die einzelnen Stimmen tasteten sich am Akkord entlang, allmählich entstanden Melodiestücke und fügten sich zusammen, bis der Choral unbeirrt seinen Weg nahm. Die Bläser wurden leiser, hielten aber ihren Akkord. Der Choral schritt fort, er zerlegte sich in Variationen, einmal rasten die Streicher über den Bläserakkord hin, dann wechselten die Register ihre Funktion und die Holzbläser umspielten die Streicher. In der letzten Variation waren die Notenwerte des Chorals auf das Doppelte oder Vierfache – so genau konnte ich das nicht mitzählen – verlängert, und lediglich die Flöten trillerten über diesem festen Fundament wie eine Schar lustiger Vögel im Wald.

Auf einmal glaubte ich, die Absicht von Frank-Jacob zu verstehen. Da war eine feste Basis, vielleicht die Würde des Menschen, und daraus entfaltete sich ein gangbarer Weg zum friedlichen Zusammenleben von Menschen verschiedener Art. Überstrahlt war dieser Weg von Fröhlichkeit. Hab den Mut, sagte mir diese Musik, das, was du für richtig hältst, auch in deine tägliche Praxis zu übersetzen, und du wirst sehen, welche Freude du auch für dich selbst gewinnst.

Nach der letzten Variation folgte noch eine kurze Fuge, in der das Choralthema bestätigte, dass es auch in verschiedenen Stimmen klingen konnte. Mir kam dieser letzte Teil sehr harmonisch vor, bis ich nach mehrmaligem Hören merkte, dass auch seine Zusammenklänge nicht unseren gängigen Harmonievorstellungen entsprachen, aber in all ihren Dissonanzen sich doch „richtig" anhörten.

Ich wäre natürlich nicht in der Lage gewesen, die Sinfonie, nachdem ich sie im Konzert gehört hatte, so genau zu beschreiben. Mein Enkel brachte mir, bevor er wieder zu seiner schwedischen Hochschule abreiste, eine CD mit der Aufnahme der Uraufführung, die unser Generalmusikdirektor veranlasst hatte. Ich habe sie eine Woche lang jeden Tag gehört, und auch jetzt stelle ich sie immer wieder in meinem Recorder an.

Als das Stück zu Ende war, verharrte der Dirigent in seiner Stellung, die Musiker setzten ihre Instrumente ab, und erst nach einigen Sekunden begann schüchtern der Beifall, der immer stärker wurde und, als Frank-Jacob sich zum Publikum umdrehte, zum regelrechten Orkan anschwoll. Es begann die übliche Zeremonie, das Orchester erhob sich, der Dirigent schüttelte Musikern in der ersten Reihe die Hand, dann ließ er die einzelnen Instrumentengruppen aufstehen. Er kam mindestens dreimal zurück, er bekam mehrere große Blumensträuße in die Hand gedrückt, Professor Wingenstein kam

auf die Bühne, gab meinem Enkel die Hand und umarmte ihn. Ohne Zugabe kam er nicht davon.
Mir war klar, dass es Bach sein würde. Es war der erste Satz aus dem dritten Brandenburgischen Konzert, wie mir mein Schwiegersohn nachher erklärte. Ich kannte die Musik, hätte aber nicht gewusst, welches Stück es war. Schließlich ebbte der Beifall ab, die ersten Zuhörer standen auf und drängten sich an den Türen.

4

Wir warteten im Foyer des Konzerthauses, bis sich Frank-Jacob von den Musikern verabschiedet hatte, meine Tochter Alisa, ihr Mann Michael und ihre Tochter Henriette. Etwas abseits stand eine große, sehr dunkle Afrikanerin. Sie hatte ebenfalls in der ersten Reihe gesessen. Nach einer Weile erschien Professor Wingenstein und kündigte Frank- Jacob an: „Er wird in ein paar Minuten hier sein." Dann kam noch mein Bruder Mark mit seiner Frau und mein Neffe Jules. Sie mussten weiter hinten im Publikum gesessen haben.

Schließlich tauchte mein Enkel auf und ging uns gleich voran. „Es sind nur ein paar Schritte", sagte er zu mir, als ob mir Gehen etwas ausmachte. Die Afrikanerin ging neben ihm. Er hatte in einem Café der Innenstadt, nur wenige Meter vom Konzerthaus entfernt, den Nebenraum für uns reservieren lassen. Dort trafen wir dann noch Matthias, den ersten Mann Alisas und Vater von Frank-Jacob, mit seiner Tochter Jana, von der ich wusste, dass sie Kulturredakteurin einer großen Wochenzeitschrift war. Sie saß zwischen mir und ihrem Vater, auf meiner anderen Seite schlossen sich Alisa, Michael und Henriette an. Mir gegenüber saßen Professor Wingenstein neben Frank-Jacob und der Afrikanerin.

Jana Rotbauer sprach mich an. „Ich habe mich die ganze Zeit gefragt, welcher Schule Frank" – sie ließ den Jacob weg – „zugehört. Ein paar Mal klang seine Musik wie Strawinsky, dann wieder eher wie Schönberg, und der Schluss erinnerte mich an Mahler." Nach einer Weile antwortete ich: „Er sieht sich in der Nachfolge von

Bach." „Sie meinen Alban Berg?" „Nein, Bach, Johann Sebastian." Sie sah mich fragend an, unterdrückte aber eine Antwort und wandte sich dann an ihren Vater.
Als wir die bestellten Getränke erhalten hatten, erhob sich der Generalmusikdirektor: „Wir haben eben die Geburt einer bemerkenswerten Komposition erlebt. Ich bin ein wenig neidisch, dass ich sie nicht dirigieren konnte, aber", er lächelte Frank-Jacob an, „ich werde ja noch Gelegenheit dazu haben. Auch unsere Musiker, die lieber Mozart oder Schubert spielen und der neuen Musik skeptisch gegenüber stehen, waren ehrlich begeistert. Wir haben also allen Grund, den heutigen Tag und unseren jungen Komponisten zu feiern. Ich darf mein Glas auf Sie, lieber Herr Rotbauer, erheben, und einen Toast auf Sie und hoffentlich noch viele weitere Werke ausbringen." Er stieß mit ihm und dann mit uns anderen an und nahm einen tüchtigen Schluck. Aber er blieb stehen und fuhr fort: „Ich habe dieses Werk als ein gelungenes Beispiel absoluter Musik erlebt, also einer Musik, die sich selber genug ist und keiner weiteren Begründung bedarf. Nun haben Sie ihm aber einen Titel gegeben. Was hat Ihre Musik mit Integration, einem unserer aktuellsten sozialen und politischen Themen zu tun? Haben Sie den verschiedenen Gruppen unserer Gesellschaft eigene Motive zugeordnet, die dann zu einer Art neuer Harmonie verschmelzen? Ich meinte gegen Schluss eine solche Bewegung erkannt zu haben. Wollten Sie aus dem Chaos vieler Stimmen, die nichts miteinander zu tun haben, eine neue Einheit formen? Bitte helfen Sie mir, Ihre Sinfonie zu verstehen."

Frank-Jacob lächelte und sah mich an, als ob er mich auffordern wollte, für ihn zu antworten. Aber dann blickte er kurz zu seiner dunkelhäutigen Nachbarin und sagte: „Ich bitte Frau Lisha Ugongo, statt meiner zu antworten.“ Wir sahen erstaunt auf die junge Frau, die jetzt aufstand. Sie sprach mit klarer Stimme, und ihre Aussprache verriet nichts von ihrer fremdländischen Herkunft:

„Auf Ihre Frage, Herr Professor Wingenstein, möchte ich mit einem Beispiel aus dem Bereich der bildenden Kunst antworten, von der ich mehr verstehe als von Musik. Bilder können einen Gegenstand haben, eine Person, eine Landschaft, sie können eine Geschichte erzählen, die Geburt im Stall oder den Sturm auf die Bastille. Aber unabhängig davon liegt ihnen immer eine Struktur, eine Ordnung von Linien, Flächen und Farben zugrunde. Das ist uns bewusst geworden, seit es Bilder ohne Gegenstand gibt. Gegenstände können uns berühren. Wir können Mitleid mit einem Kranken empfinden oder uns mit einer ausgelassenen Gesellschaft freuen. In diesen Fällen ist unsere Antwort durch das Bild festgelegt. Doch Bilder, gegenständliche und ungegenständliche, können uns auch durch ihre Struktur berühren, und zwar jenseits aller Bildinhalte. Das ist möglich, weil wir in Strukturen denken, erinnern, fühlen, glauben. Zwischen den Strukturen des Bildes und den Strukturen in uns kann eine Resonanz entstehen. Eine Erinnerung kann aufgerufen werden. Ein Gedanke kann aufstehen. Ein Gefühl kann uns berühren.

Ich denke, das gilt auch für die Musik. Frank-Jacob hat mir eine Invention von Bach vorgespielt, die mich melancholisch gestimmt hat. Die fünffache Engführung in einer Fuge hat in mir eine starke Spannung erzeugt, die sich in Aktion entladen wollte. Diese Spannung und die ihr folgende Handlung können verschiedener Art sein. Die Musik ruft in mir etwas auf, das schon in mir ist, und sie führt es weiter. Sie kann das besser als ein Bild, weil sie nicht still steht. Die Sinfonie, die wir gerade zum ersten Mal gehört haben, hat in mir das Bewusstsein aufgerufen, dass wir in einem Problem stecken, das uns zu ersticken droht, und sie hat mir gezeigt, dass es eine Lösung für dieses Problem gibt. Darin liegt das Politische dieser Musik. Aber welcher Art dieses Problem ist und wie die Lösung aussehen soll, das entscheide ich selbst. Dass Frank-Jacob von Integration spricht, das hat, denke ich, sehr persönliche Gründe." Sie lächelte ihn an.

Er stand auf und fasste ihre Hand. „Ich möchte euch meine Verlobung mit Lisha bekannt geben. Wir wollen in einigen Monaten heiraten." Er nahm sie fest in den Arm . Dann setzten sie sich, und wir anderen klatschten fröhlich Beifall. Ich sah Alisa fragend an. Sie nickte leicht. Also hatte sie von der Verlobung gewusst. Henriette, unser Teenager, lächelte verschmitzt. Sie war auch eingeweiht gewesen.

Es ist klar, dass unsere Gespräche sich von da an nicht mehr um Kunst und Musik drehten, sondern um unser junges Paar. Wir erfuhren, dass die Familie Ugongo aus Gabun ausgewandert, Lisha in der Normandie geboren und in sehr einfachen Verhältnissen aufgewachsen war. Sie hatte sich mit viel Energie durch die Schule geboxt und dann in Paris und Wien Kunstgeschichte studiert.

Seit einem Jahr arbeitete sie in einer namhaften Kunstgalerie unserer Hauptstadt und hatte in deren Auftrag eine Ausstellung in Stockholm kuratiert. Dort hatte sie Frank-Jacob kennen gelernt. Sie hatte ihre Stellung gekündigt und würde in einigen Monaten in einem Kunstmuseum in Schweden als Kuratorin arbeiten. Damit könnten sie zusammenziehen, und sie wollten auch gleich heiraten. Das entsprach den moralischen Vorstellungen ihrer islamischen Eltern. Ich fragte vorsichtig, wie sie sich ihr Familienleben zwischen Islam und Christentum vorstellten. Frank-Jacob lachte. „Das ist eine Frage der Integration“, sagte er. „Wir befinden uns noch im Chaos des ersten Satzes, aber wir gehen mit dem Mut des dritten an diese Aufgabe heran.“

Damit waren wir nun doch noch einmal zurück bei der Musik. Matthias, der Vater von Frank-Jacob, war mit der Erklärung von Lisha noch nicht zufrieden: „Das alles hat doch mit Politik nichts zu tun. Das Gefühl von Chaos und Verwirrung, Mut, Entschlossenheit, das sind allgemein menschliche Empfindungen. Die habe ich auch, wenn ich eine Bergbesteigung oder ein Segeltörn machen will.“ Plötzlich war mir klar, was Simon jetzt gesagt hätte, wenn er noch unter uns säße: „Ich denke, Mut, Entschlossenheit, Klarheit und Ehrlichkeit, um nur einige zu nennen, sind grundlegende Voraussetzungen für Politik, wie natürlich auch für anderes menschliches Handeln. Man muss sie nicht auf Politik beziehen, aber man darf es. Genau wie die wissenschaftliche Arbeit von Alisa Voraussetzung für Politik schafft. Mir gefällt es, dass Alisa wie Frank-Jacob ihre Arbeit auch in Verbindung bringen mit dem Lebenswerk ihres Vaters

und Großvaters." Matthias sah mich nachdenklich an. Dann nickte er.
Seither sind noch ein paar Jahre ins Land gegangen, und ich durfte meine beiden schokoladefarbenen Urenkel im Arm halten. Frank-Jacob lehrt jetzt an unserer hauptstädtischen Musikakademie und arbeitet, nach mehreren Kammermusikwerken, an seiner zweiten Sinfonie. Lisha leitet unser Museum für konkrete Kunst, und Henriette ist gerade als jüngste Abgeordnete ins nationale Parlament eingezogen. Sie gehört weder zur Partei ihrer Mutter noch zu der ihres Großvaters, sondern zu einer neuen ökologisch-alternativen Bewegung.
Die Kreise schließen sich.

Über den Autor

Grafik: Doi Germann

Reinhard Großmann wurde 1934 in Niederschlesien geboren. Nach dem Krieg lebte er in Baden-Württemberg, studierte in Tübingen, Kiel und Rochester NY (USA) und war 35 Jahre Lehrer an einem Gymnasium im Schwarzwald. Er unterrichtete Englisch, Geschichte und evangelische Religion. Er war mit der Dichterin und bildenden Künstlerin Gerlinde Großmann (geb. Henrich) verheiratet, die nach langer schwerer Krankheit 2001 starb. Nach ihrem Tod zog er zur Familie seines Sohnes nach Freienwill bei Flensburg. Er schreibt, weil er gern Geschichten erfindet und Stoff braucht für öffentliche Lesungen.

Er ist seit über 50 Jahren Mitglied einer politischen Partei, hat in vielen Ämtern lokal und regional und zweimal als (erfolgloser) Bundestagskandidat eigene politische Erfahrung gesammelt. „Politiker" ist, neben Erzählungen und Kurzgeschichten, seine vierte Romanveröffentlichung.

Bibliografie

Lodzer Texte. Retusche. Kurzprosa, Münster 2010,

Der Polnische Professor und andere Liebesgeschichten. Münster 2011

Beerstein und andere Erzählungen vom Holocaust. Aachen 2012

Orgen Trilogie. Roman, Aachen 2012

Männerchor. Erzählung, Freienwill 2015

Walter und Susanne. Bredstedt 2016, Roman

Erzählgeschichten. 28 Kurzgeschichten, Aachen 2018

Ich durfte nie den Hamlet spielen. Roman, Aachen 2018

Angelner Sinfonie. Erzählungen, Nordstrand 2019

Handeln in der Zeit. Ein philosophischer Versuch, Aachen 2019

Größere Liebe. Erzählungen, Düren 2020

worte in der schwebe. Gedichte, Hamburg 2012
Gesamtausgabe der Gedichte von Gerlinde Großmann, herausgegeben von Reinhard Großmann